DEBOUT LES JEUNES !

Avancez avec le pape François

ISBN : 978-2-84024-903-0

Conception de la couverture : Martin Casteres
Illustration de couverture : © Franco Origlia / Getty Images

Illustrations : Marion Amat

Sous la direction de
Sophie de Moustier

DEBOUT LES JEUNES !

Avancez avec le pape François

2e édition

UN LIVRE CONÇU PAR LES JEUNES ET POUR LES JEUNES

Illustrations de
Marion Amat

EdB

Ce livre a été réalisé dans le cadre des activités proposées par le club Fontneuve, un centre éducatif d'activités extrascolaires (théâtre, cuisine, étude...) situé en région parisienne et dont la formation spirituelle est confiée à l'Opus Dei, institution de l'Église catholique fondée par saint Josémaria. Pour plus d'informations : www.clubfontneuve.fr

Nous remercions particulièrement
les jeunes et leurs amis pour leur aide,
notamment Anne-Sophie, Caroline, Marie-Adeline,
Sophie, Diane, Clémence, Marie-Camille,
Marie, Claire, Marie-Gabrielle, Philippe,
Hélène, Nathalie, Roland, Alice,
Marie-Colombe, Pauline, Anne, Béa,
Claire-Marie, Claudia, Camille, Jo, Marta.

Introduction

Un livre conçu par les jeunes pour les jeunes

Marqués par la personnalité du pape François et par son message aux Journées Mondiales de la Jeunesse à Rio, plusieurs jeunes ont pris l'habitude de méditer les textes du pape François.

Anne-Sophie explique l'origine de ce projet d'édition : « Ce n'est pas toujours facile de prier, mais les textes du Pape nous aident à parler avec Dieu et à nourrir notre prière. On a donc voulu concevoir ce petit guide de réflexions et de prière pour nous et pour d'autres jeunes. » Caroline précise leur démarche : « Les homélies du pape François nous aident à nous rapprocher de Dieu, à approfondir notre foi et à la vivre de manière plus concrète dans la vie de tous les jours. Nous avons souhaité en faire part à d'autres jeunes en nous lançant dans la réalisation de ce livre. »

Ainsi, pendant plusieurs mois, plus de vingt-cinq jeunes ont participé à ce projet coordonné par Sophie de Moustier, responsable de la formation chrétienne auprès de jeunes.

Présentation générale du livre

L'ensemble des chapitres sont regroupés autour de trois grands thèmes : rencontrer le Christ, aimer le Christ et vivre avec le Christ. Cela reprend un point développé par saint Josémaria : « J'ai noté qu'il y a quatre paliers à gravir pour nous identifier au Christ : le chercher, le trouver, le fréquenter, l'aimer. Peut-être vous rendrez-vous compte que vous en êtes à la première étape. Cherchez-le alors avec acharnement ; cherchez-le en vous-mêmes de toutes vos forces. Si vous agissez avec cette opiniâtreté, j'ose vous garantir que vous l'avez déjà rencontré et que vous avez commencé à le fréquenter et à l'aimer, et à avoir votre conversation dans le ciel. » (*Amis de Dieu*, 300)

Chaque chapitre des trois premières parties du livre s'articule autour de quatre points :

Le pape François te parle	▶ *extrait d'un texte du pape François choisi par les jeunes*
Le pape François te questionne	▶ *questions formulées par le Pape qui invitent à un examen de conscience face à soi-même et face à Dieu*
Nous répondons au Pape dans notre prière	▶ *prières et résolutions formulées par les jeunes pour mettre en pratique les conseils et les indications du Pape dans leur vie quotidienne*
Et toi, que réponds-tu ?	▶ *une invitation à répondre dans sa prière*

La dernière partie du livre regroupe quelques tweets du pape François, des phrases courtes qui sont aussi un bon appui pour la prière personnelle.

Quelques conseils pour prier avec le livre

Chaque extrait d'un texte du pape François, chaque question ou tweet formulés par le Pape dans ce livre est une invitation à méditer, à dialoguer avec Dieu, notre Père. Après avoir lu un passage, il s'agit d'en parler avec le Christ, de l'écouter afin de pouvoir Lui ressembler davantage et aimer les autres comme Lui nous aime. De la prière peut surgir alors une résolution, comme celles formulées par les jeunes et publiées dans ce livre.

Quelques conseils pour la prière

Pour commencer la prière, il est important de se recueillir, de faire silence et de se mettre en présence de Dieu en récitant par exemple une prière introductive : « Mon Seigneur et mon Dieu, je crois fermement que Tu es ici, que Tu me vois, que Tu m'entends. Je T'adore avec profonde révérence. Je Te demande le pardon de mes péchés et la grâce de faire avec profit ce moment de prière. Ma Mère Immaculée, saint Joseph, mon Père et Seigneur, mon Ange gardien, intercédez pour moi. »

Pour terminer sa prière, voici un exemple : « Je Te remercie, mon Dieu, des bonnes résolutions, des actes d'amour et des inspirations que Tu m'as communiqués dans cette méditation. Je Te demande de m'aider à les mettre en pratique. Ma Mère Immaculée, saint Joseph, mon Père et Seigneur, mon Ange gardien, intercédez pour moi. »

Durée de la prière

Chacun prie le temps qu'il souhaite, 10 ou 15 minutes par jour, voire davantage en fonction de sa disponibilité et de son âge.

I

Rencontre le Christ

Dieu te cherche !

➲ Le pape François te parle

« Dieu ne nous a pas créés pour être seuls, enfermés en nous-mêmes, mais pour pouvoir le rencontrer, Lui, et nous ouvrir à la rencontre des autres. Dieu, le premier, vient vers chacun de nous ; et c'est merveilleux ! Lui vient à notre rencontre !

Dans la Bible, Dieu apparaît toujours comme celui qui prend l'initiative de la rencontre avec l'homme : c'est Lui qui cherche l'homme et, d'habitude, Il le cherche justement alors que l'homme fait l'expérience amère et tragique de trahir Dieu et de Le fuir. Dieu n'attend pas pour le chercher : Il le cherche immédiatement. C'est un chercheur patient, notre Père ! Il nous précède et nous attend toujours. Il ne se lasse pas de nous attendre. Il ne s'éloigne pas de nous, mais Il a la patience d'attendre le moment favorable de la rencontre avec chacun de nous. Et quand la rencontre advient, ce n'est jamais une rencontre hâtive, parce que Dieu désire rester longuement avec nous, pour nous soutenir, pour nous consoler, pour nous donner sa joie. Dieu a hâte de nous rencontrer, mais Il n'a jamais hâte de nous quitter. Il reste avec nous. De même que nous, nous avons soif de Lui et que nous Le désirons, de même Lui aussi a le désir d'être avec nous, parce que nous Lui appartenons, nous sommes à Lui, nous sommes Ses créatures. On peut dire que Lui aussi a soif de nous, de nous rencontrer. Notre

Dieu est assoiffé de nous. Voilà le cœur de Dieu. C'est beau de ressentir cela. [...]

La foi est une marche avec Jésus... Rappelez-vous toujours cela : la foi, c'est marcher avec Jésus et c'est une marche qui dure toute la vie. À la fin, il y aura la rencontre définitive. Certes, à certains moments de cette marche, nous nous sentons fatigués et confus. Mais la foi nous donne la certitude de la présence constante de Jésus dans toute situation, même la plus douloureuse ou difficile à comprendre. Nous sommes appelés à marcher pour entrer toujours davantage à l'intérieur du mystère de l'amour de Dieu qui veille sur nous et nous permet de vivre dans la sérénité et l'espérance. »

Rome, extrait de l'homélie du 23 novembre 2013

➲ Le pape François te questionne

Est-ce que je laisse vraiment Dieu entrer dans ma vie[1] ?

⮌ Nous répondons au Pape dans notre prière

Seigneur, je veux Te laisser entrer dans ma vie, Te laisser une plus grande place. Je veux Te raconter ma vie de tous les jours, que Tu sois avec moi quand je suis en famille, au lycée, avec mes amis. Seigneur, aide-moi à ne jamais Te quitter. Je prends la résolution de choisir une petite phrase par jour que je dirai pendant la journée pour rester en Ta présence. Aujourd'hui, je Te dirai tout simplement : je T'aime. (Marie-Adeline, 17 ans)

Mon Dieu, me voici devant Toi pour Te laisser une place dans ma journée, pour prendre du temps avec Toi. Je vais peut-être me distraire, penser de temps en temps à toute autre chose, mais mon effort pour revenir vers Toi te plaît et Tu le récompenses largement, je le crois. Je veux tout déposer à Tes pieds : mes pensées, mes actions, mes amis, ma famille. Tu es mon Dieu, Tu es celui à qui tout cela appartient. Ma vie entière T'appartient puisque c'est Toi qui m'as créé, c'est Toi qui me maintiens vivant à chaque instant. Merci, Jésus. Je veux que Tu prennes une plus grande place dans ma vie. (Antoine, 19 ans)

Et toi, que réponds-tu ?

....

....

....

....

Cherche le visage de Dieu

➲ Le pape François te parle

« Augustin vit une expérience assez commune aujourd'hui : assez commune parmi les jeunes d'aujourd'hui. Il est éduqué par sa mère Monique dans la foi chrétienne, même s'il ne reçoit pas le baptême, mais, en grandissant, il s'en éloigne, il ne trouve pas en elle la réponse à ses questions, aux désirs de son cœur et il est attiré par d'autres propositions. Il entre alors dans le groupe des Manichéens, il se consacre avec application à ses études, il ne renonce pas aux distractions insouciantes, aux spectacles de l'époque, aux amitiés intenses, il connaît l'amour intense et entreprend une brillante carrière de professeur de rhétorique qui le conduit jusqu'à la cour impériale de Milan. Augustin est un homme "arrivé", il a tout, mais dans son cœur demeure l'inquiétude de la recherche du sens profond de la vie ; son cœur n'est pas endormi, je dirais qu'il n'est pas anesthésié par le succès, par les biens, par le pouvoir. Augustin ne se ferme pas sur lui-même, il ne se repose pas, il continue à chercher la vérité, le sens de la vie, il continue à chercher le visage de Dieu. Certes, il commet des erreurs, il prend aussi des voies erronées, il pèche, c'est un pécheur ; mais il ne perd pas l'inquiétude de la recherche spirituelle. Et, de cette façon, il découvre que Dieu l'attendait ou, plutôt, qu'Il n'avait jamais cessé de le chercher en premier. Je voudrais dire à celui qui se sent indifférent envers Dieu, envers la foi, à celui qui est éloigné de Dieu ou l'a abandonné, et à nous aussi, avec nos "éloignements" et nos "abandons" envers Dieu, petits, peut-être, mais qui sont si nombreux dans la vie quotidienne : regarde au plus profond de ton cœur, regarde à l'intime de toi-même [...]. Dieu t'attend, te cherche : qu'est-ce que tu Lui réponds ? Es-tu attentif à la situation de ton âme ? Ou bien est-ce que tu dors ? Est-ce que tu crois que Dieu t'attend ou bien, pour toi, cette vérité n'est-elle que "des mots" ?

Chez Augustin, c'est cette inquiétude du cœur qui le porte à la rencontre personnelle avec le Christ, qui le pousse à comprendre que ce Dieu qu'il cherchait loin de lui-même est le Dieu proche de tout être humain, le Dieu proche de notre cœur, plus intime à nous que nous-mêmes (cf. *ibid.*, III, 6,11). [...] Demandons au Seigneur [...] qu'Il garde dans notre cœur l'inquiétude spirituelle de toujours le rechercher, l'inquiétude de l'annoncer avec courage, l'inquiétude de l'amour envers tout frère et sœur. »

Rome, extrait de l'homélie du 29 août 2013

➲ Le pape François te questionne

As-tu un cœur qui désire quelque chose de grand ou un cœur endormi par les choses ? Ton cœur a-t-il conservé l'inquiétude de la recherche ou l'as-tu laissé étouffer par les choses, qui finissent par l'atrophier[2] ?

⊂ Nous répondons au Pape dans notre prière

Seigneur, comment Te dire non si Tu me proposes quelque chose de grand ! Bien sûr, je désire quelque chose de grand ! Mais, Seigneur, augmente en moi ce désir. Ne me laisse pas retomber quand je n'obtiens pas ce que je veux. Augmente en moi l'espérance et la force de lutter chaque jour, pour me rapprocher de Toi. Parfois, j'oublie de penser à Toi, j'oublie de Te chercher, mais je veux vivre sans cesse en Ta présence. Je suis faible, Seigneur, donne-moi la force de lutter et de me rapprocher de Toi par des petits actes d'amour. Seigneur, je décide aujourd'hui de prendre des moyens concrets pour rester en Ta présence pendant toute la journée. (Anne-Sophie, 16 ans)

Seigneur, parfois je n'ai tout simplement pas envie de Te chercher – je suis paresseux et je préfère faire des jeux sur internet. Quand je suis comme ça, je sens que mon cœur se renferme sur lui-même et je me laisse aller. Au fond de moi, j'aspire à T'aimer et cela me demande beaucoup d'efforts pour sortir de ma carapace et pour aller vers Toi et les autres. Jésus, je T'aime… je voudrais T'aimer plus… car Tu me demandes de sortir de moi-même et de penser aux autres… à leurs besoins matériels… Je sais que Tu m'aimes comme ça, mais aide-moi à être plus généreux en prenant du temps pour Te parler. (Christophe, 15 ans)

ⓘ Et toi, que réponds-tu ?

. . . .

. . . .

. . . .

. . . .

COMMENT POUVONS-NOUS CONNAÎTRE JÉSUS ?

➲ Le pape François te parle

« Jésus nous dit : *"Je suis le chemin, la vérité et la vie."* Connaître Jésus est donc le travail le plus important de notre vie. Mais comment pouvons-nous connaître Jésus ? Certains diront : En étudiant, père ! Il faut beaucoup étudier ! Et c'est vrai : nous devons étudier le catéchisme, c'est vrai. Mais l'étude seule ne suffit pas pour connaître Jésus. [...] Pour connaître Jésus, il faut ouvrir trois portes. [...]

Première porte : il faut prier Jésus. Sachez-le : l'étude, sans la prière, ne sert à rien. Oui, prier Jésus pour mieux le connaître. Les grands théologiens font de la théologie à genoux. Prier Jésus, et par l'étude, et par la prière, nous nous en approchons un peu. Mais sans la prière, jamais nous ne connaîtrons Jésus. Jamais ! Jamais.

Deuxième porte : célébrer Jésus. La prière ne suffit pas : la joie de la célébration est nécessaire. Célébrer Jésus dans ses sacrements, parce que là Il nous donne la vie, Il nous donne la force, Il nous donne le repas, Il nous donne la consolation, Il nous donne l'alliance, Il nous donne la mission. Sans la célébration des sacrements, nous n'arrivons pas à connaître Jésus. Ça, c'est propre à l'Église : la célébration.

Troisième porte : imiter Jésus. Prendre l'Évangile, voir ce qu'Il a fait, quelle était Sa vie, ce qu'Il a dit, ce qu'Il nous a enseigné, et chercher à L'imiter.

Entrer par ces trois portes signifie entrer dans le mystère de Jésus. C'est seulement si nous sommes capables d'entrer dans Son mystère que nous pouvons connaître Jésus. Et on n'a pas à avoir peur d'entrer dans le mystère de Jésus : ça veut juste dire prier, célébrer et imiter. Et ainsi, nous trouverons le chemin pour aller vers la vérité et la vie. [...] Comment dois-je L'imiter ? Tu ne t'en souviens pas, parce que ton Évangile est couvert de poussière : il n'est jamais ouvert ! Prends l'Évangile, ouvre-le et tu trouveras comment imiter Jésus ! Aujourd'hui, au cours de la journée, nous pourrions nous demander : "Pensons à ces trois portes : où en sont-elles dans notre vie ?" Ça nous fera du bien à tous ! »

Rome, extrait de l'homélie du 16 mai 2014

➲ Le pape François te questionne

Comment va la prière dans ma vie ? La prière du cœur, pas celle du perroquet ! La prière du cœur, comment va-t-elle ? Et comment va l'imitation de Jésus dans ma vie[3] ?

➲ Nous répondons au Pape dans notre prière

Seigneur, Tu nous donnes des journées de 24 heures ; parmi elles, combien en ai-je passé à Te prier, à T'adorer, à Te remercier pour la vie que Tu me donnes ? Aide-moi, Seigneur, à trouver plus de temps pour Toi chaque jour, pour Te prier dans l'intimité de mon cœur, pour que je puisse Te parler, mais aussi pour que je sache T'écouter. Fais que ma vie soit davantage tournée vers

Toi. Tu nous as donné Ton fils sur terre. Donne-moi la force d'ouvrir quotidiennement les Évangiles, pour que je puisse contempler Sa vie et Lui ressembler davantage. (Xavier, 17 ans)

Seigneur, j'essaie de T'imiter. J'essaye de m'imprégner de Tes réactions et de Ton regard sur les autres en lisant l'Évangile pour Te connaître davantage. Mais j'avoue que ce n'est pas toujours facile de l'ouvrir… Aide-moi à prendre le temps de le faire ! Je veux Te ressembler en tout : savoir affronter les difficultés comme Tu l'as fait, avec le sourire et sans me plaindre. Donne-moi d'être sympa avec les personnes que je vois, sans porter de jugements. Seigneur, donne-moi d'être un autre Christ au milieu de mes occupations quotidiennes. (Marie-Camille, 17 ans)

Et toi, que réponds-tu ?

Le plus beau des cadeaux : rencontrer Jésus

➲ Le pape François te parle

« La chose la plus importante qui puisse arriver à une personne est de rencontrer Jésus : cette rencontre avec Jésus qui nous aime, qui nous a sauvés, qui a donné sa vie pour nous. Et nous marchons pour rencontrer Jésus. Nous pouvons nous demander : "Mais quand est-ce que je rencontre Jésus ? Seulement à la fin ?" Non, non ! Nous le rencontrons tous les jours. Mais comment ? Dans la prière ! Quand vous priez, vous rencontrez Jésus. Dans les sacrements ! Quand vous recevez la communion, vous rencontrez Jésus. [...]

Rappelez-vous : la vie est une marche. Une marche pour rencontrer Jésus. À la fin, et toujours. Une marche où nous ne rencontrons pas Jésus n'est pas un cheminement chrétien. Le propre du chrétien est de toujours rencontrer Jésus, de se laisser regarder par Jésus, car Jésus nous regarde avec amour, Il nous aime tant, Il nous aime vraiment et nous regarde toujours. Rencontrer Jésus, c'est donc aussi vous laisser regarder par Lui. [...]

Et sur le chemin, nous aussi – tous les pécheurs, tous, tous, nous sommes des pécheurs – quand nous nous trompons, quand nous commettons un péché, Jésus vient et nous pardonne. Et ce pardon que nous recevons dans la confession est une rencontre avec Jésus. Nous rencontrons toujours Jésus.

Et nous avançons dans la vie comme cela, comme dit le prophète, vers la montagne, jusqu'au jour où il y aura la rencontre définitive, où nous pourrons voir ce si beau regard de Jésus, si beau. La vie chrétienne, c'est cela : marcher, avancer, unis, comme des frères, en s'aimant les uns les autres. Rencontrer Jésus. [...] Voulez-vous rencontrer Jésus dans votre vie ? Oui ? Cela est important dans la vie chrétienne. Vous aujourd'hui, avec le sceau de l'Esprit Saint, vous aurez plus de force pour cette marche, pour rencontrer Jésus. Soyez courageux, n'ayez pas peur ! La vie est ce cheminement. Et le plus beau des cadeaux est cette rencontre avec Jésus. Allez, courage ! »

Rome, extrait de l'homélie du 3 décembre 2013

➲ Le pape François te questionne

Quand est-ce que je rencontre Jésus ? Seulement à la fin de ma vie ? Non, non ! Nous le rencontrons tous les jours. Mais comment ? Voulez-vous rencontrer Jésus dans votre vie ? Oui[4] ?

⮌ Nous répondons au Pape dans notre prière

Seigneur, que dans mes moments de prière, je sois en communion avec Toi. Aide-moi à Te raconter ma journée, mes joies et mes peines, comme si je parlais à un ami, car, Jésus, Tu es mon ami. Donne-moi la volonté de venir vers Toi dans les moments de difficulté, de me confier à Toi. Guide-moi afin que je Te découvre à travers les autres et qu'ils Te découvrent à travers moi.

Aide-moi sur terre à me préparer à Ta rencontre au Ciel. (Marie, 16 ans)

Tu T'es fait homme librement pour que je puisse T'imiter, Te parler et T'aimer, non pas comme un Dieu lointain, impersonnel. Tu T'es fait homme pour que je puisse plus facilement m'adresser à Toi. Mieux, Tu T'es fait tout petit enfant, parce que, qui a peur de s'approcher d'un bébé ? Merci de Te rendre si proche de moi. Tout dans ma vie T'intéresse : mes pensées, mes paroles, mes actes… et je profite de ce moment pour apprendre à Te parler de tout ça avec simplicité. Viens, Seigneur Jésus, régner sur ma vie. (Benjamin, 16 ans)

Et toi, que réponds-tu ?

La foi te rend fort

➲ Le pape François te parle

« L'important, c'est la rencontre avec Jésus et cela te donne la foi, parce que c'est précisément Lui qui te la donne ! Vous parliez aussi de la fragilité de la foi, comment faire pour la vaincre. Le plus grand ennemi de la fragilité – c'est curieux, hein ! – c'est la peur. Mais n'ayez pas peur ! Nous sommes fragiles et nous le savons. Mais Lui, Il est plus fort ! Si tu vas avec Lui, il n'y a pas de problème ! Un enfant est très fragile – j'en ai vu beaucoup aujourd'hui – mais il était avec son papa, avec sa maman : il était en sécurité ! Avec le Seigneur, nous sommes sûrs. La foi grandit avec le Seigneur, justement de la main du Seigneur ; cela nous fait grandir et nous rend forts. Mais si nous croyons pouvoir nous débrouiller tout seuls… Pensons à ce qui est arrivé à Pierre : *"Seigneur, je ne Te renierai jamais !"* (cf. Mt 26, 33-35) ; et ensuite, le coq a chanté et il L'avait renié trois fois !

Réfléchissons : quand nous avons trop confiance en nous-mêmes, nous sommes plus fragiles. Toujours avec le Seigneur ! Et quand on dit "avec le Seigneur", cela signifie avec l'Eucharistie, avec la Bible, avec la prière… mais aussi en famille, avec notre maman, avec elle aussi, parce que c'est elle qui nous amène au Seigneur : elle est notre mère, elle sait tout. Et donc prier aussi la Vierge Marie et lui demander, comme à une maman, qu'elle me rende fort. Voilà ce que je pense de la fragilité, c'est en tout cas mon expérience. Ce qui me rend fort, chaque jour, c'est de prier le chapelet avec la Vierge Marie. Je sens une force très grande parce que je vais à elle et je me sens fort. »

Rome, extrait de l'allocution du 21 mai 2013

➲ Le pape François te questionne

Le Christ est-il le centre de ma vie ? Est-ce que je mets vraiment le Christ au centre de ma vie ? [...] Qu'est-ce que j'ai fait pour le Christ ? Que dois-je faire pour le Christ[5] ?

➲ Nous répondons au Pape dans notre prière

Seigneur Jésus, parfois ma foi est immense, je sais que Tu es près de moi et que Tu me protèges. Mais je suis faible et il m'arrive régulièrement de douter ou tout simplement de me décourager. Alors, je n'ai pas toujours le réflexe de me réfugier en Toi, d'aller recevoir les sacrements, de Te prier, de prier la Vierge Marie ; alors qu'il n'y a que Toi pour me relever. Donne-moi de Te placer au centre de ma vie, de prendre les moyens pour rester près de Toi pendant ma journée et garder la foi. Je crois en Toi et j'ai besoin de Ton aide. (Marie, 16 ans)

Seigneur, qu'il est dur, parfois, de Te donner la première place ! Comme elle est parfois difficile à observer, Ta loi, et combien est parfois exigeant notre rôle de chrétien ! Rester fidèle à la messe dominicale, ne pas se comporter n'importe comment parmi nos amis, assumer en tous lieux et en tous temps notre foi… Ce n'est pas facile tous les jours, loin de là – et pourtant, que c'est beau, que c'est grand de savoir Te maintenir au centre de nos vies, de savoir pour Toi sacrifier tout le reste, pour Ton sublime Amour. Je te le demande aujourd'hui, très humblement, laissant pour une fois de côté toute trace de mon pauvre orgueil d'Homme : Seigneur Jésus, donne-moi une foi à déplacer les montagnes, à faire chavirer les cœurs, et aide-moi à toujours Te donner la primauté et, ainsi, à trouver à Tes côtés la voie de Ton divin bonheur. (Marie-Gabrielle, 16 ans)

Et toi, que réponds-tu ?

....

....

....

....

« Mets le Christ dans ta vie ! »

➲ Le pape François te parle

« Aujourd'hui, il serait bien que chacun se demande avec sincérité : en qui mettons-nous notre confiance ? En nous-mêmes, dans les choses ou bien en Jésus ? Tous, nous sommes souvent tentés de nous mettre au centre, de croire que nous sommes le centre de l'univers, de croire que nous sommes seuls, nous, à construire notre vie, ou de penser que celle-ci est rendue heureuse par la possession, par l'argent, par le pouvoir. Mais tous, nous savons qu'il n'en est pas ainsi ! Certes, l'avoir, l'argent, le pouvoir peuvent donner un moment d'ébriété, l'illusion d'être heureux ; mais, à la fin, ce sont eux qui nous possèdent et nous poussent à avoir toujours plus, à ne jamais être rassasiés. À la fin, nous sommes "remplis", mais pas nourris, et c'est très triste de voir une jeunesse "remplie", mais faible.

La jeunesse doit être forte, elle doit se nourrir de sa foi et ne pas se remplir d'autres choses. "Mets le Christ" dans ta vie, mets en Lui ta confiance et tu ne seras jamais déçu ! Voyez, chers amis, la foi accomplit dans notre vie une révolution que nous pourrions appeler copernicienne, elle nous enlève du centre et met Dieu au centre. La foi nous immerge dans son amour qui nous donne sécurité, force, espérance. En apparence, rien ne semble changer, mais au plus profond de nous-mêmes, tout change. Quand Dieu y est présent, dans notre cœur demeurent la paix, la douceur, la tendresse, le courage, la sérénité et la joie, qui sont les fruits du Saint-Esprit (cf. Ga 5, 22), alors notre existence se transforme, notre façon de penser et d'agir se renouvelle, elle devient la façon de penser et d'agir de Jésus, de Dieu. Chers amis, la foi est révolutionnaire et moi je demande à chacun de vous aujourd'hui : es-tu prêt, es-tu prête à entrer dans ce mouvement révolutionnaire de la foi ? C'est seulement en y entrant que ta vie de jeune aura un sens et sera ainsi féconde !

Cher jeune, "mets le Christ" dans ta vie. En ces jours, Il t'attend : écoute-le avec attention et sa présence enthousiasmera ton cœur. [...] Laisse-toi aimer par Jésus, Il est un ami qui ne déçoit pas. [...] Jésus nous attend. Jésus compte sur nous ! Amen. »

Rio de Janeiro, extrait de l'homélie du 25 juillet 2013

➲ Le pape François te questionne

Demandons-nous courageusement : que faisons-nous du temps que le Christ nous a donné ? L'avons-nous utilisé surtout pour nous-mêmes, pour nos intérêts, ou avons-nous su le dépenser aussi pour les autres ? Combien de temps avons-nous réservé pour « demeurer avec Dieu », dans la prière, dans le silence, dans l'adoration[6] ?

➲ Nous répondons au Pape dans notre prière

Seigneur, je suis jeune et je suis attirée par toutes les choses de ce monde si attirantes : les soirées, Internet... C'est très bien tout ça, mais je voudrais aussi prendre un moment rien que pour Toi pour que Tu m'apprennes à penser aux autres. Je veux être amie de mes amis, m'oublier, ne pas oublier ma famille même si c'est facile à mon âge. Seigneur, aide-moi à prendre dix minutes par jour pour prier en silence. C'est dans la prière que je deviendrai ton amie ! Et je prends la résolution de me demander chaque soir combien de fois j'ai pensé à mon petit moi égoïste... bien trop je pense !! (Marie-Camille, 17 ans)

Seigneur, donne-moi la force de résister à la tentation des réseaux sociaux qui ne conduisent pas toujours à la vraie découverte des autres. Aide-moi à m'organiser mieux pour trouver du temps pour venir en aide aux plus pauvres, aux plus démunis, à tous ceux qui sont tristes dans leur cœur d'être loin de Toi ou de ne pas Te connaître. Donne-moi la force de sortir de chez moi pour aller à la rencontre des autres, pour découvrir qu'on est plus heureux en donnant qu'en recevant. (Xavier, 19 ans)

Et toi, que réponds-tu ?

....

....

....

....

Dieu t'offre sa grâce

➲ Le pape François te parle

« Pour devenir saint, il faut une seule chose : accueillir la grâce que le Père nous donne en Jésus-Christ. C'est la grâce qui change notre cœur. [...] Un cœur qui aime, un cœur qui souffre, un cœur qui se réjouit avec les autres, un cœur plein de tendresse pour celui qui [...] se sent à la périphérie de la société. L'amour est une force, la plus grande des forces. Il transforme la réalité, car il abat les murs de l'égoïsme et comble les fossés qui nous tiennent loin les uns des autres. Cet amour-là vient d'un cœur de pierre qui a été transformé en cœur de chair, en cœur humain. Et c'est la grâce qui fait cela, la grâce de Jésus-Christ que nous avons tous reçue.

Quelqu'un parmi vous sait combien coûte la grâce ? Où on en vend ? Où puis-je acheter cette grâce ? Personne ne sait le dire, non. Je vais l'acheter au secrétariat de la paroisse, vous en vendez peut-être, de la grâce ? Des prêtres en vendraient-ils ? Mais écoutez bien cela : la grâce ne s'achète pas et ne se vend pas. C'est un cadeau de Dieu en Jésus-Christ. Jésus-Christ nous donne la grâce. Lui seul nous donne la grâce. C'est un cadeau : Il nous l'offre, à nous. Prenons-la. Que c'est beau ! L'amour de Jésus est comme ça : Il nous donne la grâce gratuitement. Gratuitement. Et nous devons la donner à nos frères, à nos sœurs, gratuitement. Voir quelqu'un se mettre à vendre la grâce est un peu triste : cela est arrivé quelquefois dans l'histoire de l'Église et cela a fait du mal, beaucoup de mal. La grâce n'est pas à vendre : on la reçoit gratuitement et on la donne gratuitement. C'est cela la grâce de Jésus-Christ. [...]

Et c'est par cela que je voudrais terminer, vous dire : de ne pas avoir peur, de ne pas avoir peur de l'amour, de l'amour de Dieu, de notre Père. Ne pas avoir peur de recevoir la grâce de Jésus-Christ, ne pas avoir peur de notre liberté qui vient de la grâce de Jésus-Christ ou, comme disait Paul : *"Ne soyez plus sous la Loi, mais sous la grâce."* [...] Chers frères et sœurs, n'ayons pas peur ! Avançons et disons à nos frères et sœurs que nous sommes sous la grâce, que Jésus nous donne la grâce et que cela ne coûte rien : seulement la recevoir. Allons-y ! »

Extrait du discours du pape François à l'occasion du congrès du diocèse de Rome, le 20 juin 2013

➲ Le pape François te questionne

Que signifie « vivre sous la grâce » ? Chacun de nous n'est-il pas un pécheur[7] ?

⮌ Nous répondons au Pape dans notre prière

Seigneur, je veux apprendre à aimer plus et pour cela, je veux me rapprocher de Toi. Donne-moi Ta grâce pour que mon cœur se remplisse de Toi. Vivre sous la grâce, c'est Te laisser entrer en moi. Et pour que Tu prennes toute la place, j'essayerai aujourd'hui de faire des bonnes actions et d'éviter tout ce qui me sépare de Toi. Aujourd'hui, je te demanderai pardon, dès que je m'aperçois que je n'ai pas agi comme Tu l'aurais fait. (Paul, 18 ans)

Seigneur, fais-moi prendre conscience du mal que j'ai pu faire pendant ma journée. Parfois, je m'habitue à mes défauts et je finis par ne plus voir que c'est mal. Seigneur, je ne veux pas m'habituer. Je ne veux pas être indifférente car l'indifférence tue l'amour. Seigneur, éclaire mon cœur. Je suis un pauvre pécheur qui a besoin de Toi. Je sais que Tu m'aimes profondément et que tu as donné Ta vie pour moi. C'est Ton amour qui me rend forte. Donne-moi toujours Ta grâce pour que je choisisse l'amour. (Sandrine, 17 ans)

Et toi, que réponds-tu ?

Aspirez-vous vraiment au bonheur ?

➲ Le pape François te parle

« Alors, dites-moi : aspirez-vous vraiment au bonheur ? À une époque où l'on est attiré par tant d'apparences de bonheurs, on risque de se contenter de peu, ou d'avoir une idée de la vie "en miniature". Au contraire, aspirez à de grandes choses ! Élargissez vos cœurs ! Comme disait le bienheureux Pier Giorgio Frassati, "vivre sans foi, sans patrimoine à défendre, sans soutenir une lutte continue pour la vérité, ce n'est pas vivre, mais vivoter. Nous ne devons jamais vivoter, mais vivre". [...]

Si vraiment vous laissez émerger les aspirations les plus profondes de votre cœur, vous vous rendrez compte qu'il y a une soif inextinguible de bonheur en vous, et c'est cela qui vous permettra de distinguer et de refuser les nombreuses offres "à bon prix" que vous rencontrez autour de vous. Quand nous recherchons le succès, le plaisir, la possession égoïste et que nous en faisons des idoles, nous pouvons, certes, expérimenter des moments d'ivresse, une fausse impression de satisfaction ; mais, à la fin, nous devenons esclaves, nous ne sommes jamais satisfaits, nous sommes poussés à vouloir toujours plus. Et c'est vraiment triste de voir une jeunesse "repue", mais molle. Saint Jean écrivait aux jeunes en leur disant : *"Vous êtes forts, la parole de Dieu demeure en vous et vous avez vaincu le Mauvais."* (1 Jn 2, 14)

Les jeunes qui choisissent le Christ sont forts, ils se nourrissent de sa Parole et ils ne "se goinfrent" pas d'autres choses ! Ayez le courage d'aller à contre-courant. Ayez le courage du vrai bonheur ! Dites non à la culture du provisoire, de la superficialité et du rejet, qui ne vous estime pas capables d'assumer des responsabilités et d'affronter les grands défis de la vie ! [...] Mettons Jésus à la première place. Lui peut nous libérer de l'idolâtrie qui nous rend esclaves. Chers jeunes, ayez confiance en Dieu ! Il nous connaît, Il nous aime et ne nous oublie jamais. »

Rome, extrait du message du Pape aux jeunes du 21 janvier 2014

➲ Le pape François te questionne

Regarde au plus profond de ton cœur, regarde à l'intime de toi-même et demande-toi : as-tu un cœur qui désire quelque chose de grand ou un cœur endormi par les choses[8] ?

⊂ Nous répondons au Pape dans notre prière

Seigneur, j'ai beaucoup de projets pour l'avenir : j'imagine mes études, mon métier, ma future famille, l'endroit où j'habiterai. Et c'est comme cela que je veux être heureuse. Mais pas sans Toi, Seigneur ! Aujourd'hui, je T'invite à prendre part à ma vie et à habiter chaque jour avec moi. Je lirai tous les jours Ta Parole pour que Tu demeures tout le temps avec moi. Ensemble, nous changerons le monde ! (Marie-Adeline, 17 ans)

Seigneur, j'ai déjà tout, mais je veux toujours plus : un meilleur portable, plus de vêtements, plus d'argent… tout ça, pour mieux plaire, pour « frimer ». J'oublie l'essentiel de ma vie, je T'oublie, Toi. Seigneur, je veux T'aimer, T'offrir du temps gratuitement pour Te montrer que je T'aime. Apprends-moi par la prière à T'aimer plus, à passer plus de temps avec Toi. (Caroline, 17 ans)

Et toi, que réponds-tu ?

➲ Le pape François te parle

« Demeurez solides sur le chemin de la foi avec une ferme espérance dans le Seigneur. Là se trouve le secret de notre chemin ! Lui nous donne le courage d'aller à contre-courant. Écoutez bien, les jeunes : aller à contre-courant ; cela fait du bien au cœur, mais il nous faut du courage pour aller à contre-courant et lui nous donne ce courage ! Il n'y a pas de difficultés, d'épreuves, d'incompréhensions qui doivent nous faire peur si nous demeurons unis à Dieu comme les sarments sont unis à la vigne, si nous ne perdons pas l'amitié avec Lui, si nous Lui faisons toujours plus de place dans notre vie.

Ceci aussi et surtout si nous nous sentons pauvres, faibles, pécheurs, parce que Dieu donne force à notre faiblesse, richesse à notre pauvreté, conversion et pardon à notre péché. Il est si miséricordieux, le Seigneur : si nous allons à Lui, Il nous pardonne toujours. Ayons confiance dans l'action de Dieu ! Avec Lui, nous pouvons faire de grandes choses ; Il nous fera sentir la joie d'être Ses disciples, Ses témoins. Misez sur les grands idéaux, sur les grandes choses. Nous, chrétiens, nous ne sommes pas choisis par le Seigneur pour de petites bricoles, allez toujours au-delà, vers les grandes choses. Jeunes, jouez votre vie pour de grands idéaux ! [...]

Chers amis, ouvrons grande la porte de notre vie à la nouveauté de Dieu que nous donne l'Esprit Saint, pour qu'il nous transforme, nous rende forts dans les épreuves, renforce notre union avec le Seigneur, nous fasse demeurer solides en Lui : c'est une vraie joie ! »

Rome, extrait de l'homélie du 28 avril 2013

➲ Le pape François te questionne

Voulez-vous être une espérance pour Dieu ? Voulez-vous être une espérance ? Voulez-vous être une espérance pour l'Église ? Voulez-vous être espérance pour nous tous ? Avez-vous le courage de relever ce défi[9] ?

➲ Nous répondons au Pape dans notre prière

Seigneur, avec Toi, je veux avoir de grands idéaux ! Je veux être sainte, mais j'ai besoin de Toi, je ne peux pas y arriver toute seule. Je veux que Tu puisses compter sur moi auprès de mes amis, à la maison. Apprends-moi à vivre toujours en Ta présence pour leur apporter la joie de Ton amour. Je veux être une espérance pour l'Église. Je veux être un des membres de ce corps qui est le Tien. Mais sans Toi, je ne le pourrai pas. Seigneur, augmente en moi la force d'être, partout où je vais, un instrument de Ton amour, de Ta joie. Je prends la résolution de me rapprocher de Toi, Seigneur, pour être chaque jour plus utile à l'Église par ma Foi et ma joie d'être Ta fille. (Anne-Sophie, 16 ans)

Seigneur, l'image que je donne de moi me préoccupe trop. Je T'aime quand j'ai besoin de Toi, quand je suis seule ou dans une église, mais en groupe, j'ai peur, je T'ignore. Ainsi, je mène une double vie qui ne me rend pas heureuse et m'empêche de me rapprocher de Toi. Seigneur, apprends-moi à T'aimer tous les jours de ma vie, et pas seulement le dimanche et quand cela m'arrange. Donne-moi le courage de vivre une vie cohérente et pleinement chrétienne pour Te faire connaître aux autres. (Sophie, 16 ans)

Et toi, que réponds-tu ?

II

Aime le Christ

➲ Le pape François te parle

« Marie se rend chez sa cousine Élisabeth. D'où lui vient ce geste ? D'une parole de l'ange de Dieu : *"Et voici qu'Élisabeth, ta parente, vient, elle aussi, de concevoir un fils dans sa vieillesse."* (Lc 1, 36) Marie sait écouter Dieu. Attention ! Il ne s'agit pas simplement d'"entendre" superficiellement, mais c'est une "écoute" faite d'attention, d'accueil, de disponibilité envers Dieu. Ce n'est pas la manière distraite que nous avons souvent de nous mettre devant le Seigneur ou les autres : nous entendons ce qu'ils disent, mais nous n'écoutons pas vraiment.

Cela vaut aussi dans notre vie : l'écoute de Dieu qui nous parle et l'écoute aussi de la réalité quotidienne, l'attention aux personnes, aux faits, parce que le Seigneur est à la porte de notre vie et qu'Il frappe de différentes manières, Il met des signes sur notre chemin ; à nous d'être capables de les voir. Marie est la mère de l'écoute, écoute attentive de Dieu et écoute tout autant attentive des événements de la vie. [...]

Marie, femme de l'écoute, fais que nos oreilles s'ouvrent ; fais que nous sachions écouter la Parole de ton Fils Jésus, au milieu des paroles de ce monde ; fais que nous sachions écouter la réalité dans laquelle nous vivons, chacune des personnes que nous rencontrons. »

Rome, extrait de la méditation du 31 mai 2013

➲ Le pape François te questionne

Qui la Vierge Marie regarde-t-elle ? Elle nous regarde tous, chacun de nous. Et comment nous regarde-t-elle[10] ?

➲ Nous répondons au Pape dans notre prière

Vierge Marie, je sais que Tu me regardes en permanence. Je veux vivre chaque instant comme si tu étais physiquement présente à mes côtés. Avec Toi, je ne me sens pas jugée. Tu me rassures parce que je sais que Tu m'aimes et que Tu essayes de me rapprocher de Ton fils. Je veux Te raconter tout ce qui m'arrive : mes angoisses, mes joies, mais aussi Te parler de mes amis. Tu es ma maman du ciel ! Apprends-moi à vivre comme Toi, toujours fidèle, pure et ouverte aux autres. Je sais que Tu me regardes comme une mère regarde son enfant, garde-moi toujours avec Toi. (Éloïse, 15 ans)

Seigneur, j'ai l'impression que Tu es lointain. Je me sens démunie et seule face à « Ton » silence. Parfois, je pense : à quoi bon prier, j'ai l'impression que Tu n'es pas là ni pour m'écouter ni pour me répondre ! Je ne sais pas t'écouter, Seigneur, et je n'ai pas le réflexe de me tourner vers ta très Sainte Mère, Marie. Elle qui a su T'écouter et faire Ta volonté. C'est aussi ma mère, elle veut m'aider. Seigneur, aide-moi à tendre l'oreille et à savoir t'entendre et t'écouter comme l'a fait la Vierge Marie. Aide-moi à sentir le regard bienveillant de Marie pour son enfant que je suis. (Pauline, 17 ans)

ⓘ Et toi, que réponds-tu ?

....

....

....

....

« La naissance de Jésus n'est pas une fable ! »

➲ Le pape François te parle

« La naissance de Jésus n'est pas une fable ! C'est une histoire qui est réellement arrivée, à Bethléem, il y a deux mille ans. La foi nous fait reconnaître en cet enfant, né de la Vierge Marie, le vrai Fils de Dieu qui s'est fait homme par amour pour nous.

Dans le visage du petit Jésus, nous contemplons le visage de Dieu qui ne se révèle pas dans la force, dans la puissance, mais dans la faiblesse et la fragilité d'un nouveau-né. Notre Dieu est comme ça, Il s'approche tellement, dans un petit enfant. Cet enfant montre la fidélité et la tendresse de l'amour sans limite dont Dieu entoure chacun de nous. C'est pour cela que nous fêtons Noël, en revivant la même expérience que les bergers de Bethléem. [...] C'est la fête de la rencontre de Dieu avec nous, en Jésus. [...]

Jésus vous aime, Il veut être votre ami. [...] Vous êtes convaincus de cela ? C'est comme ça ? Si vous êtes convaincus, vous saurez certainement transmettre partout la joie de cette amitié : à la maison, en paroisse, à l'école, avec vos amis... [...] Et avec les ennemis, avec ceux qui ne nous aiment pas ? Qu'est-ce qu'il faut faire ? Qui peut me le dire ? Faire la guerre ? Voilà ce qu'il faut faire : prier pour eux ! Pour qu'ils s'approchent de Jésus ; être gentil avec eux ; être proche. Et vous saurez en témoigner en vous comportant comme de véritables chrétiens : prêts à donner un coup de main à celui qui en a besoin. Et si celui qui ne t'aime pas a besoin de quelque chose, tu lui donneras un coup de main ? Vous êtes sûrs, non ? Oui ! Oui ! Sans juger les autres, sans dire de mal. Ce n'est pas beau quand les gens disent du mal des autres. Les commérages, est-ce que c'est chrétien ou pas ? Non ! Les commérages sont méchants. Il ne faut jamais en faire. Et il faut commencer dès maintenant : ne jamais faire de commérages ; ne pas dire de mal. Avancez comme ça ! […] Alors, bonne route, toujours unis à Jésus. »

Rome, extrait de l'angélus du 15 décembre 2013

➲ Le pape François te questionne

Le Christ, est-il le centre de notre vie ? Témoignons-nous de lui dans nos actions quotidiennes[11] ?

➲ Nous répondons au Pape dans notre prière

Jésus, tu T'es fait tout petit pour T'approcher de chacun de nous. Seigneur, donne-moi un cœur d'enfant pour savoir m'étonner devant ce miracle d'un Dieu fait homme. Il est si facile, Jésus, de T'oublier, de m'enfermer sur mon égoïsme, de Te perdre de vue. Ouvre mes yeux pour que je me laisse guider, pour que je ne m'enferme pas en moi-même, mais pour que je sache être un témoin de Ton amour et aimer tout le monde, même ceux qui me veulent du mal et me critiquent. (Jean, 15 ans)

Mon Jésus, Tu nous demandes d'aimer nos ennemis, mais c'est trop dur ! Tu nous dis qu'il faut être proche d'eux, mais je n'y arrive pas. C'est déjà difficile d'être tout le temps sympa avec ses amis, alors comment je peux faire pour aimer ceux qui ne m'aiment pas ? Pour aller vers ceux qui me rejettent ? Le Pape nous dit de prier pour eux… Aide-moi !! Toute seule, je n'y arriverai pas ! J'ai besoin de Toi, apprends-moi à aimer ceux qui m'entourent avec Ton amour. Je veux pouvoir les regarder avec Tes yeux, avec Ton regard très aimant !! Je sais que nous sommes tous Tes enfants et que Tu nous aimes tous. Alors, apprends-moi à vivre comme ça, à aimer les autres comme Tu les aimes. Je vais essayer de dire chaque jour un Je vous salue Marie pour quelqu'un qui m'a énervée dans la journée, mais aide-moi à le faire avec amour ! (Émilie, 17 ans)

Et toi, que réponds-tu ?

Qui est Jésus ?

➲ Le pape François te parle

« Au cours de sa mission terrestre, Jésus a parcouru les routes de la Terre Sainte ; Il a appelé douze personnes simples pour qu'elles restent avec Lui, qu'elles partagent son chemin et poursuivent sa mission ; Il les a choisies parmi le peuple plein de foi dans les promesses de Dieu.

Il a parlé à tous, sans distinction, aux grands et aux humbles, au jeune homme riche et à la pauvre veuve, aux puissants et aux faibles ; Il a apporté la miséricorde et le pardon de Dieu ; Il a guéri, consolé, compris ; Il a donné l'espérance ; Il a apporté à tous la présence de Dieu qui s'intéresse à chaque homme et à chaque femme comme le font un bon père et une bonne mère vis-à-vis de chacun de leurs enfants.

Dieu n'a pas attendu que nous allions à lui, mais c'est Lui qui est venu vers nous, sans calcul, sans limite. Dieu est comme ça : Lui, Il fait toujours le premier pas, Il vient vers nous. Jésus a vécu la réalité quotidienne des gens les plus communs : Il s'est ému devant la foule qui était comme un troupeau sans berger ; Il a pleuré devant la souffrance de Marthe et de Marie à cause de la mort de leur frère Lazare ; Il a appelé un publicain à être son disciple ; Il a aussi subi la trahison d'un ami. En lui, Dieu nous a donné l'assurance qu'Il est avec nous, au milieu de nous. *"Les renards, a dit Jésus, ont des tanières et les oiseaux du ciel ont des nids ; le Fils de l'homme, Lui, n'a pas où reposer la tête."* (Mt 8, 20) Jésus n'a pas de maison parce que sa maison, ce sont les gens, c'est nous ! Sa mission est d'ouvrir à tous les portes de Dieu, d'être la présence d'amour de Dieu. »

Rome, extrait de l'audience du 27 mars 2013

➲ Le pape François te questionne

Et toi, quand as-tu rencontré Jésus ? Comment s'est passée ta rencontre avec Jésus ? As-tu fait une rencontre avec Jésus ou bien la fais-tu encore maintenant[12] ?

⊂ Nous répondons au Pape dans notre prière

Seigneur, avant mon accident de voiture, je ne Te cherchais pas, je ne Te connaissais pas. J'étais pris par toutes mes activités, le sport et mes copains. Ma tête et mon cœur étaient ailleurs. En frôlant la mort, je me suis rapproché de Toi, je me suis rendu compte de ce qui était essentiel dans la vie. J'ai réalisé que Tu m'aimais. Pendant que je souffrais, je sentais Ta présence à mes côtés. Maintenant, je veux mieux Te connaître Jésus. Je veux mieux Te connaître car je sais que plus je Te connaîtrai, plus je pourrai T'aimer. Cette année, j'ai décidé que je lirai tous les jours un passage de l'Évangile. Je me glisserai dans les scènes de l'Évangile, comme un personnage de plus. (Pierre, 15 ans)

Seigneur, viens régner sur ma vie, sur mes pensées, mes actes et mon cœur. Que souvent, dans la journée, mon cœur s'élève vers Toi pour Te redire cela, que c'est à Toi de prendre toute la place dans ma vie et dans mes pensées. À mon tour de me tourner vers Toi, de remettre ma vie entre tes mains. Je sais que Tu me veux profondément heureuse et cela me donne encore plus de confiance en Toi. Je veux me souvenir tout au long de ma journée de Ton regard amoureux et miséricordieux sur moi. (Juliette, 18 ans)

Et toi, que réponds-tu ?

....

....

....

....

Jésus, un roi qui aime jusqu'à la Croix

➲ Le pape François te parle

« Jésus entre à Jérusalem. La foule des disciples l'accompagne, en fête, les manteaux sont étendus devant Lui, on parle des prodiges qu'Il a accomplis, un cri de louange s'élève : *"Béni soit celui qui vient, Lui, notre roi, au nom du Seigneur. Paix dans le ciel et gloire au plus haut des cieux."* (Lc, 19, 38). [...]

Pourquoi Jésus entre-t-Il à Jérusalem, ou peut-être mieux : comment Jésus entre-t-Il à Jérusalem ? La foule L'acclame comme Roi. Et Lui ne s'y oppose pas, Il ne la fait pas taire (cf. Lc 19, 39-40). Mais quel type de Roi est Jésus ?

Regardons-Le : Il monte un petit âne, Il n'a pas une cour qui Le suit, Il n'est pas entouré d'une armée symbole de force. Ceux qui L'accompagnent sont des gens humbles, simples, qui ont la capacité de voir en Jésus quelque chose de plus ; qui ont le sens de la foi et cette foi leur dit : c'est le Sauveur. Jésus n'entre pas dans la Ville Sainte pour recevoir les honneurs réservés aux rois terrestres, à qui a le pouvoir, à qui domine ; Il entre pour être flagellé, insulté et outragé, comme l'annonce Isaïe dans la première lecture (cf. Is 50, 6) ; Il entre pour recevoir une couronne d'épines, un bâton, un manteau de pourpre, sa royauté sera objet de dérision ; Il entre pour monter au Calvaire chargé du bois de la Croix [...]. Jésus entre à Jérusalem pour mourir sur la Croix. Et c'est justement ici que resplendit son être de Roi selon Dieu : Son trône royal est le bois de la Croix […]. C'est le don que Jésus fait à nous tous sur le trône de la Croix. La Croix du Christ embrassée avec amour ne conduit pas à la tristesse, mais à la joie, à la joie d'être sauvés et de faire un tout petit peu ce qu'Il a fait le jour de sa mort ! […]

C'est un Roi qui aime jusqu'à la Croix et qui nous enseigne à servir, à aimer. Et vous n'avez pas honte de sa Croix ! Au contraire, vous l'embrassez, parce que vous avez compris que c'est dans le don de soi, dans le fait de sortir de soi-même, que se trouve la véritable joie et que, par l'amour de Dieu, le Christ, Lui, a vaincu le mal ! […]

Demandons l'intercession de la Vierge Marie. Elle nous enseigne la joie de la rencontre avec le Christ, l'amour avec lequel nous devons le regarder sur la Croix. »

Rome, extrait de l'homélie du 24 mars 2013

➲ Le pape François te questionne

Qui suis-je devant mon Seigneur ? Qui suis-je en face de Jésus qui entre dans la fête à Jérusalem ? Suis-je capable d'exprimer ma joie, de le louer ? Ou est-ce que je prends de la distance ? Qui suis-je devant Jésus qui souffre[13] ?

Nous répondons au Pape dans notre prière

Seigneur, suis-je comme tout Ton peuple qui T'acclame aux moments de gloire, mais qui Te livrera au moment des difficultés ? Ou suis-je comme Ta très Sainte Mère qui T'accompagne jusqu'au pied de la Croix ? J'ai besoin de Toi, Seigneur, je sais que Tu m'aimes et que Tu me veux au pied de Ta Croix. Et Tu sais que je T'aime et que je veux rester avec Toi jusqu'au bout, mais Tu sais aussi que je suis faible. Mon Jésus, je ne veux jamais T'abandonner, même dans les difficultés, je veux moi aussi T'aider à porter Ta Croix. Augmente en moi le désir d'embrasser cette Croix qui sauve. Donne-moi la force de prendre chaque jour sur moi cette Croix que Tu me donnes parce que je sais que c'est là que Tu me veux, c'est là que je serai heureuse. Seigneur, aujourd'hui, je veux faire un effort pour T'accompagner dans Ton chemin de Croix. (Anne-Sophie, 17 ans)

Seigneur, Tu nous as donné la vie, Tu T'es fait homme, Tu es mort sur la Croix pour nous sauver du péché. Et qu'ai-je fait pour Toi ? Dans ma vie, je T'oublie trop souvent et ne pense pas assez à Toi. Seigneur, apprends-moi à Te remercier pour tout ce que Tu as fait pour moi, pour ma famille, mes amis, pour Ta création. Donne-moi l'humilité et le courage de Te demander pardon pour tout le mal que j'ai pu faire aux autres et à Toi. Aide-moi à tout Te demander avec confiance. Entre dans mon cœur, sois le centre de ma vie. (Sophie, 16 ans)

Et toi, que réponds-tu ?

....

....

....

Jésus a donné sa vie pour moi !

➲ Le pape François te parle

« Jésus est appelé l'Agneau : il est l'Agneau qui enlève le péché du monde. On peut se dire : "Mais comment un agneau, si faible, un faible petit agneau, comment peut-il enlever tant de péchés, tant de méchancetés ? Par l'amour. Par sa douceur. Jésus n'a jamais cessé d'être un agneau : doux, bon, plein d'amour, proche des petits, proche des pauvres. Il était là, parmi les gens, Il guérissait tout le monde, Il enseignait, Il priait. Jésus, si faible, comme un agneau. Mais Il a eu la force de porter sur Lui tous nos péchés, tous. "Mais, Père, vous ne connaissez pas ma vie ; moi, j'ai [des péchés] que je ne peux même pas porter avec un camion..." Bien souvent, quand nous regardons notre conscience, nous trouvons de gros [péchés] ! Mais Lui, Il les porte. Il est venu pour cela : pour pardonner, pour faire la paix dans le monde, mais, avant, dans les cœurs. Peut-être que nous avons tous quelque chose qui tourmente notre cœur, peut-être que nous avons des ténèbres dans le cœur, peut-être que nous nous sentons un peu tristes à cause d'une faute... Lui, Il est venu pour enlever tout cela, Il nous donne la paix, Il pardonne tout. "Voici l'Agneau de Dieu qui enlève le péché du monde" : Il enlève le péché avec sa racine, tout ! C'est cela, le salut de Jésus, avec Son amour et avec Sa douceur [...].

Nous avons bien souvent confiance dans notre médecin : c'est bien, parce que le médecin est là pour nous guérir ; nous avons confiance dans certaines personnes : nos frères, nos sœurs peuvent nous aider. C'est bien d'avoir cette confiance humaine, entre nous. Mais nous oublions la confiance dans le Seigneur : c'est cela, la clé du succès de la vie. Confions-nous dans le Seigneur ! "Seigneur, regarde ma vie ; je suis dans l'obscurité, j'ai cette difficulté, j'ai ce péché..." ; tout ce que nous avons : "Regarde ceci : je te fais confiance !" Et cela, c'est un pari que nous devons faire : Lui faire confiance car Il ne nous déçoit jamais. Jamais, jamais ! Écoutez bien, vous, les jeunes, qui commencez maintenant votre vie : Jésus ne déçoit jamais. Jamais. [...] Il est venu pour nous sauver, pour enlever le péché. Le mien, le tien et celui du monde : tout, tout. »

Rome, extrait de l'homélie du 20 janvier 2014

➲ Le pape François te questionne

Qui sommes-nous devant Dieu ? Quelles sont nos épreuves ? Nous en avons beaucoup ; chacun de nous a les siennes. Que nous dit le Seigneur à travers elles ? Sur quoi nous appuyons-nous pour les dépasser[14] ?

⊂ Nous répondons au Pape dans notre prière

Je T'offre ma fatigue, mon manque d'envie d'étudier. Je sais que, quand j'aurai envie d'arrêter ou de bâcler mon travail, je sais que je pourrai contempler Ta croix et Te voir là, suspendu qui me regarde et qui m'aime. Tu as assumé cette mort sur la Croix jusqu'au bout, par amour pour nous. Je veux te rendre cet amour par un don généreux de moi-même. Je vais T'offrir, Jésus, ces dernières heures, assis à mon bureau. Je vais essayer de bien finir mon travail. Tout cela, c'est mon don à moi, c'est ma réponse à Ton don sur la Croix. Je me souviens d'une personne qui en avait marre et qui, pour transformer sa plainte en prière, disait juste : « Seigneur, j'en ai marre ». Seigneur, je T'offre tout mon travail. (Bernard, 17 ans)

Les épreuves quotidiennes sont pour moi un moyen de me dépasser et de grandir toujours un peu plus. Il y a des déceptions, des désillusions, des regrets, parfois même des échecs, des souffrances physiques ou mentales… Alors, à quoi bon ? Sérieusement, parfois, je me demande… Tu nous laisses succomber aux épreuves, qui d'ailleurs peuvent aussi bien être des tentations que des difficultés en soi ? Je pense que Tu veux nous laisser libres. Libres de l'accepter et donc d'accepter ces difficultés qui agrémentent notre petite existence. Libres aussi de comprendre que ces difficultés font partie de la vie et qu'elles nous font avancer. La souffrance physique par exemple peut, si nous l'acceptons, nous aider à nous tourner vers Toi. Peut-être qu'il s'agit en fait de mesurer si on est capable de Te voir, Dieu, dans toute chose. J'aimerais pouvoir y parvenir un jour, en tournant toujours mon regard vers Toi et en m'appuyant sur Toi. (Anne-Claire, 17 ans)

➊ Et toi, que réponds-tu ?

....

....

....

....

Le Christ est vivant !

➲ Le pape François te parle

« Dans l'évangile de cette nuit lumineuse de la Vigile pascale, nous rencontrons en premier les femmes qui se rendent au tombeau de Jésus avec les aromates pour oindre son corps (cf. Lc 24, 1-3). Elles viennent pour accomplir un geste de compassion, d'affection, d'amour, un geste traditionnel envers une personne chère qui est décédée, comme nous le faisons nous aussi. Elles avaient suivi Jésus, L'avaient écouté, s'étaient senties comprises dans leur dignité et L'avaient accompagné jusqu'à la fin, sur le Calvaire et au moment de la descente de Croix. Nous pouvons imaginer leurs sentiments tandis qu'elles allaient au tombeau : une certaine tristesse, du chagrin parce que Jésus les avait quittées, Il était mort, Son histoire était terminée. Maintenant, on revenait à la vie d'avant.

Cependant, dans les femmes persistait l'amour et c'est l'amour envers Jésus qui les avait poussées à se rendre au tombeau. [...] Elles trouvent la tombe vide, le corps de Jésus n'y est pas, quelque chose de nouveau est arrivé, mais tout cela ne dit encore rien de clair : cela suscite des interrogations, laisse perplexes, sans offrir une réponse. Et voici deux hommes en vêtement éclatant, qui disent : *"Pourquoi cherchez-vous le Vivant parmi les morts ? Il n'est pas ici, Il est ressuscité."* (Lc 24, 5-6) Ce qui était un simple geste, un acte accompli bien sûr par amour – le fait de se rendre au tombeau – maintenant se transforme en événement, en un fait qui change vraiment la vie. Rien ne demeure plus comme avant, non seulement dans la vie de ces femmes, mais aussi dans notre vie et dans l'histoire de l'humanité. Jésus n'est pas mort, Il est ressuscité, Il est le Vivant ! Il n'est pas seulement revenu à la vie, mais Il est la vie même, parce qu'Il est le Fils de Dieu, Il est le Vivant (cf. Nb 14, 21-28 ; Dt 5, 26 ; Jon 3, 10) ; Jésus n'est plus dans le passé, mais Il vit dans le présent et est projeté vers l'avenir, Il est l'"aujourd'hui" éternel de Dieu. [...]

Accepte alors que Jésus Ressuscité entre dans ta vie, accueille-Le comme un ami, avec confiance : Il est la vie ! Si, jusqu'à présent, tu as vécu loin de Lui, fais un petit pas : Il t'accueillera à bras ouverts. Si tu es indifférent, accepte de risquer : tu ne seras pas déçu. S'il te semble difficile de Le suivre, n'aie pas peur, fais-Lui confiance, sois sûr que Lui, Il t'est proche, Il est avec toi et te donnera la paix que tu cherches et la force pour vivre comme Lui le veut. »

Rome, extrait de l'homélie de la nuit de Pâques
du 31 mars 2013

➲ Le pape François te questionne

Mais vous, est-ce que vous croyez que Jésus est vivant ? Et si Jésus est vivant, pensez-vous qu'Il nous laissera mourir et qu'Il ne nous ressuscitera pas[15] ?

➲ Nous répondons au Pape dans notre prière

Seigneur, je crois fermement que Tu es ici, que Tu me vois et que Tu m'entends. Je crois que Tu es vivant ! Je sais que Tu es à mes côtés, tous les jours de ma vie, toutes les heures et même toutes les minutes ! Je sais que c'est vraiment Toi dans l'Eucharistie ! Je suis sûre que Tu nous ressusciteras. Tu sais que depuis que ma grand-mère est morte en début d'année, je suis convaincu que je la retrouverai à ma mort ! Et que nous serons tous réunis à la Résurrection ! Seigneur, aide-moi à m'abandonner devant la mort dans l'espérance de la Résurrection ! Je prends la résolution de Te parler davantage et de m'appuyer sur Toi, mon roc. (Antoine, 17 ans)

Seigneur Jésus, premier Ressuscité d'entre les morts, donne-moi de croire en Ta résurrection. Je ne puis en effet y croire avec les seuls yeux de mon corps, il me faut Ta grâce pour le voir avec les yeux de mon âme. Et Ta grâce s'obtient à travers la prière. C'est en cela donc que se concentre toute ma foi, chancelante ou bien ferme comme le roc. Et si, ô Christ, Tu es mort et ressuscité pour nous racheter de notre péché, alors Ta résurrection est une ouverture pour toute l'humanité. Si nous avons été créés par Toi, c'est pour nous mener dans Ton Amour au paradis. Donne-moi donc de rayonner de Ton amour autour de moi dans l'espérance de Ta résurrection. (Benoît, 16 ans)

ⓘ Et toi, que réponds-tu ?

……………………………………………………………

……………………………………………………………

……………………………………………………………

……………………………………………………………

L'Esprit Saint, le « Consolateur »

➲ Le pape François te parle

« Nous contemplons [...] l'effusion de l'Esprit Saint opérée par le Christ ressuscité sur son Église [...]. L'évangéliste nous ramène à Jérusalem, à l'étage supérieur de la maison dans laquelle sont réunis les Apôtres. Le premier élément qui attire notre attention est le fracas qui vint soudain du ciel, *"pareil à celui d'un violent coup de vent"* et remplit la maison ; puis *"une sorte de feu qui se partageait en langues"* et se posait sur chacun des Apôtres. Fracas et langues de feu sont des signes précis et concrets qui frappent les Apôtres, non seulement extérieurement, mais aussi au plus profond d'eux-mêmes : dans l'esprit et dans le cœur. La conséquence est que *"tous furent remplis du Saint-Esprit"* qui libère son dynamisme irrésistible, avec des résultats surprenants : *"Ils se mirent à parler en d'autres langues, et chacun s'exprimait selon le don de l'Esprit."* S'ouvre alors devant nos yeux un tableau tout à fait inattendu : une grande foule se rassemble et s'émerveille parce que chacun entend parler les Apôtres dans sa propre langue. Tous font une expérience nouvelle, jamais arrivée auparavant : *"Nous les entendons parler dans nos langues."* Et de quoi parlent-ils ? *"Des merveilles de Dieu."* [...]

Ce qui est arrivé à Jérusalem il y a près de deux mille ans n'est pas un événement éloigné de nous, c'est un événement qui nous rejoint, qui se fait expérience vivante en chacun de nous. La Pentecôte du Cénacle de Jérusalem est le commencement, un commencement qui se prolonge. L'Esprit Saint est le don par excellence du Christ ressuscité à ses Apôtres, mais Il veut qu'il parvienne à tous. Jésus [...] dit : *"Moi, je prierai le Père et il vous donnera un autre Défenseur qui sera pour toujours avec vous."* (Jn 14, 16) C'est l'Esprit Paraclet, le "Consolateur", qui donne le courage de parcourir les routes du monde en portant l'Évangile ! L'Esprit Saint nous fait voir l'horizon et nous pousse jusqu'aux périphéries existentielles pour annoncer la vie de Jésus Christ. »

Rome, extrait de l'homélie de Pentecôte du 19 mai 2013

➲ Le pape François te questionne

Suis-je ouvert aux aspirations de l'Esprit Saint [...] ? Est-ce que je me laisse guider par l'Esprit Saint en vivant dans l'Église et avec l'Église[16] ?

Nous répondons au Pape dans notre prière

Parfois, j'oublie l'aide précieuse de l'Esprit Saint qui peut me secourir. Comme l'étoile des mages, Il peut me guider jusqu'au Christ à travers ma vie et l'Église. Ô Esprit Saint, garde-moi toujours dans Ta lumière. Seigneur, cette semaine, je vais invoquer l'Esprit Saint plus souvent durant ma journée, surtout lorsque je devrai prendre des décisions. (Claire, 16 ans)

Depuis ma confirmation, faite il y a maintenant trois ans, l'Esprit Saint a pris une place de plus en plus grande dans ma vie. Il a agi en moi doucement, me révélant petit à petit qui il était. Je comprends maintenant que son aide m'est absolument nécessaire pour vivre, grandir en connaissance et crainte de Dieu et pour témoigner de ma foi. L'Esprit Saint est un merveilleux guide. Seigneur Jésus, donne-moi de me laisser enseigner et guider par ton Esprit, Souffle de Vie. Seigneur, je reconnais ma faiblesse et je sais que sans Toi, sans Ton Esprit, je ne suis rien. Donne-moi de recevoir et de goûter à ses dons et à ses fruits. Merci, mon Dieu, je suis ton enfant. (Raphaëlle, 17 ans)

Et toi, que réponds-tu ?

L'Église n'est pas fondée sur une idée, mais sur le Christ

➲ Le pape François te parle

« Sans Jésus, l'Église ne peut exister. Jésus est vraiment la base de l'Église, le fondement. Les apôtres ont vécu avec Jésus, écouté ses paroles, partagé Sa vie et surtout, ils ont été témoins de Sa mort et de Sa résurrection. Notre foi, l'Église que le Christ a voulue, n'est pas fondée sur une idée, sur une philosophie, elle est fondée sur le Christ lui-même. Et l'Église est comme une plante qui a poussé au fil des siècles, qui s'est développée, qui a porté du fruit, mais elle est bien enracinée en Lui et l'expérience fondamentale du Christ qu'ont eue les apôtres, choisis et envoyés par Jésus, est parvenue jusqu'à nous. Depuis cette toute petite plante jusqu'à aujourd'hui : c'est comme cela que l'Église grandit dans le monde entier. [...]

L'Église est apostolique parce qu'elle est envoyée pour porter l'Évangile au monde entier. La mission que Jésus a confiée à ses apôtres poursuit son chemin dans l'histoire : *"Allez donc, de toutes les nations faites des disciples, les baptisant au nom du Père et du Fils et du Saint-Esprit, et leur apprenant à observer tout ce que je vous ai prescrit. Et voici que je suis avec vous pour toujours jusqu'à la fin du monde."* (Mt 28, 19-20) C'est cela que Jésus nous a dit de faire. J'insiste sur cette dimension missionnaire, parce que le Christ nous invite tous à "aller" à la rencontre des autres, Il nous envoie,

Il nous demande de nous mettre en marche pour apporter la joie de l'Évangile ! Interrogeons-nous encore une fois : sommes-nous missionnaires par nos paroles et surtout par notre vie chrétienne, par notre témoignage ? Ou bien sommes-nous des chrétiens renfermés dans notre cœur et dans nos églises, des chrétiens de sacristie ? Des chrétiens seulement en paroles, mais qui vivent comme des païens ? Nous devons nous poser ces questions qui ne sont pas des reproches. Moi aussi, je me les pose à moi-même : comment suis-je chrétien, est-ce que je donne vraiment un témoignage ? »

Rome, extrait de la catéchèse du 16 octobre 2013

➲ Le pape François te questionne

Est-ce que j'aime l'Église ? Est-ce que je prie pour elle ? Est-ce que je me sens membre de la famille de l'Église ? Qu'est-ce que je fais pour qu'elle soit une communauté dans laquelle chacun se sente accueilli et compris, fasse l'expérience de la miséricorde et de l'amour de Dieu qui renouvellent la vie[17] ?

Nous répondons au Pape dans notre prière

Seigneur, l'Église est pour moi le chemin pour Te rencontrer. Elle réunit tous Tes enfants et nous permet de Te suivre. Je prie pour qu'elle continue de Te servir. J'essaye de la servir en témoignant de ma foi et en essayant de vivre en cohérence avec ma foi. Aide-moi, Seigneur, à me mettre davantage au service de Ton Église pour qu'elle rayonne dans le monde entier. Je prends la résolution d'apporter la joie de l'Évangile par mon attitude et mes paroles. (Lucas, 16 ans)

Mon Dieu, me voici à nouveau devant Toi, pour apprendre à mieux Te connaître, mieux T'aimer et Te suivre. Une façon de Te suivre de plus près, c'est de faire nôtres toutes les indications, les conseils qui viennent de l'Église et du Pape. Je Te prie aussi pour le Saint-Père, pour le poids que Tu lui as mis sur les épaules. Aide-le à assumer cette lourde tâche. Que le fait de voir combien il se donne au service de l'Église et des âmes me pousse à mon tour à être généreuse, à porter, à ma mesure, le poids de l'Église et des âmes. (Livia, 19 ans)

Et toi, que réponds-tu ?

....

....

....

....

L'ÉGLISE, LE CHEMIN POUR RENCONTRER LE CHRIST

➲ Le pape François te parle

« Dans la famille de Dieu, dans l'Église, la sève vitale est l'amour de Dieu qui se concrétise dans l'amour pour Lui et pour les autres, tous, sans distinction et sans mesure. L'Église est une famille dans laquelle on aime et on est aimé. Quand l'Église se manifeste-t-elle ? [...] Elle se manifeste quand le don de l'Esprit Saint remplit le cœur des apôtres et les pousse à sortir et à se mettre en marche pour annoncer l'Évangile et répandre l'amour de Dieu.

Aujourd'hui encore, certains disent : "Le Christ, oui, l'Église, non." Comme les personnes qui disent : "Je crois en Dieu, mais pas dans les prêtres." Mais c'est justement l'Église qui nous donne le Christ et qui nous amène à Dieu ! L'Église est la grande famille des enfants de Dieu. Certes, elle a encore des aspects humains ; dans ceux qui la composent, les pasteurs et les fidèles, il y a des défauts, des imperfections, des péchés ; le Pape aussi en a et il en a beaucoup, mais ce qui est beau, c'est que, quand nous nous rendons compte que nous sommes pécheurs, nous trouvons la miséricorde de Dieu, qui pardonne toujours. N'oubliez pas cela : Dieu pardonne toujours et Il nous accueille dans Son amour qui pardonne et qui est miséricorde. Certains disent que le péché est une offense à Dieu, mais c'est aussi une occasion de s'humilier pour se rendre compte qu'il y a quelque chose de plus beau : la miséricorde de Dieu. Pensons-y. »

Rome, extrait de la catéchèse sur l'Église du 29 mai 2013

➲ Le pape François te questionne

Nous arrive-t-il de penser que c'est précisément l'Église qui, cheminant au long des siècles, malgré les difficultés, les problèmes, les faiblesses, nos péchés, nous transmet l'authentique message du Christ ? Qu'elle nous donne l'assurance que ce en quoi nous croyons est réellement ce que le Christ nous a communiqué[18] ?

⮌ Nous répondons au Pape dans notre prière

Oui, Seigneur, je crois que l'Église est le chemin que Tu nous as laissé pour arriver à Dieu. Grâce à Tes Sacrements et aux enseignements de l'Église, on peut marcher vers Dieu. J'entends très souvent des amis qui disent : « Je crois en Dieu, mais pas en l'Église » et alors je me dis que ce n'est vraiment pas cohérent. Jésus, Tu as dit à Ton apôtre : *« Moi je te dis que tu es Pierre et sur cette pierre je bâtirai mon Église. »* Ce n'est donc pas une invention humaine, mais une institution divine. C'est vrai que parfois, j'ai été choqué par des gens dans l'Église, mais Tu nous as laissé libres d'accepter ou non Tes commandements. Seigneur, aide-moi à prendre du temps pour approfondir l'enseignement de l'Église. (Isabelle, 16 ans)

Seigneur, il m'arrive de manquer de confiance dans l'Église, souvent à cause des difficultés, de l'incompréhension ou de la déception face à certaines attitudes que peuvent avoir des personnes dans l'Église. Et pourtant, quand tu as confié Ton Église à saint Pierre durant ton séjour sur la terre, Tu savais que Tu la confiais aux hommes, imparfaits. Nous sommes humains et, comme tout être humain, même dans l'Église, nous faiblissons. Mais tu nous as donné Ton Esprit Saint et il continue d'inspirer et de guider Ton Église. C'est par elle que nous sont transmis Ton message d'amour, Tes enseignements et la grâce d'accomplir du mieux possible Ta volonté et de transmettre aux autres la joie de Te connaître et de T'aimer. Donne-moi, Seigneur, un grand amour et une plus grande confiance en l'Église : aide-moi à approfondir ses enseignements et à m'approcher davantage des sacrements, chemin que tu as choisi pour me mener à Toi. (Claire-Marie, 15 ans)

Et toi, que réponds-tu ?

Les sacrements : « la force du Christ »

➲ Le pape François te parle

« Les sacrements expriment et réalisent une communion effective et profonde entre nous puisque, en eux, nous rencontrons le Christ Sauveur et, à travers Lui, nos frères dans la foi. Les sacrements ne sont pas des apparences, ce ne sont pas des rites, mais c'est la force du Christ ; c'est Jésus-Christ, présent dans les sacrements. Lorsque nous célébrons l'Eucharistie, c'est Jésus vivant qui nous rassemble, qui fait de nous une communauté, qui nous fait adorer le Père. Par le Baptême, la Confirmation et l'Eucharistie, chacun de nous, en effet, est incorporé au Christ et uni à toute la communauté des croyants. Par conséquent, si d'un côté c'est l'Église qui "fait" les sacrements, de l'autre ce sont les sacrements qui "font" l'Église et qui l'édifient, engendrant de nouveaux enfants, les intégrant au peuple saint de Dieu et consolidant leur appartenance [...].

La grâce des sacrements nourrit en nous une foi forte et joyeuse, une foi qui sait s'étonner des "merveilles" de Dieu et résister aux idoles du monde. C'est pour cela qu'il est important de recevoir la Communion, il est important que les enfants soient baptisés tôt, qu'ils soient confirmés, parce que les sacrements sont la présence de Jésus-Christ en nous, une présence qui nous aide. C'est important, lorsque nous nous sentons pécheurs, que nous nous approchions du sacrement de la réconciliation. On pourra dire : "Mais j'ai peur, le prêtre va me battre." Non, le prêtre ne va pas te battre ; tu sais qui tu rencontreras dans le sacrement de la réconciliation ? Tu rencontreras Jésus qui te pardonne ! C'est Jésus qui t'attend ; et c'est un sacrement qui fait grandir toute l'Église [...]. »

Rome, extrait de la catéchèse du 6 novembre 2013

➲ Le pape François te questionne

Considérons-nous les sacrements comme une aide spirituelle, à travers laquelle le Seigneur soutient notre foi et renforce notre mission dans le monde[19] ?

⮌ Nous répondons au Pape dans notre prière

Seigneur, je sais que Tu m'aimes. Je sais que Tu me veux toujours à Tes côtés et que Tu me le permets grâce à Tes sacrements. Quelle joie de savoir que je peux Te recevoir dans l'Eucharistie ! Donne-moi le courage de recourir avec une plus grande joie aux sacrements, car, Seigneur, je crois que c'est grâce à eux que je pourrai vivre toujours plus en Ta présence. Seigneur, je crois que c'est grâce à une communion, une confession fréquentes que je pourrai être un témoignage vivant de Ton amour. Je prends la résolution aujourd'hui, Seigneur, de bien me préparer à la messe pour mieux la vivre et rappeler autour de moi que Tu es réellement présent dans cette Hostie. (Anne-Sophie, 16 ans)

Aide-moi à réaliser à quel point je dois m'appuyer sur les sacrements. Aide-moi à réaliser combien ils me sont nécessaires pour grandir et m'approcher de Toi. Mon Dieu, Tu connais mes faiblesses et Tu es toujours prêt à me tendre la main, à me donner force et consolations à travers la confession, à m'unir à Toi, à me combler, à me transformer après par la Communion. Jésus, aujourd'hui, je prends la résolution de mieux me préparer à Te rencontrer dans les sacrements. Je T'aime. (Romain, 16 ans)

Et toi, que réponds-tu ?

....

....

....

....

« PAR LE BAPTÊME, LAISSE-TOI TRANSFORMER PAR LE CHRIST ! »

➲ Le pape François te parle

« L'Apôtre nous dit que, avec la résurrection de Jésus, quelque chose d'absolument nouveau se produit : nous sommes libérés de l'esclavage du péché et nous devenons enfants de Dieu, c'est-à-dire que nous sommes engendrés à une vie nouvelle. Quand cela se réalise-t-il pour nous ? Dans le sacrement du baptême. Dans les temps anciens, on le recevait normalement par immersion [...]. Dans la Lettre aux Romains, saint Paul écrit : *"Vous avez reçu un esprit de fils adoptifs qui nous fait nous écrier : Abba ! Père !"* (Rm 8, 15.) C'est précisément l'Esprit que nous avons reçu au baptême qui nous enseigne, qui nous pousse, à dire à Dieu "Père", ou mieux, "Abba !", qui signifie "papa". Notre Dieu est ainsi : c'est un papa pour nous. L'Esprit Saint réalise en nous cette nouvelle condition d'enfants de Dieu. Et ceci est le plus grand don que nous recevions à travers le mystère pascal de Jésus. Et Dieu nous traite comme ses enfants, Il nous comprend, nous pardonne, nous embrasse et nous aime, même quand nous faisons des erreurs. Dans l'Ancien Testament, déjà, le prophète Isaïe affirmait que, même si une mère oubliait son enfant, Dieu ne nous oublierait jamais, à aucun moment (cf. 49, 15). Et c'est beau, cela ! [...]

Être ressuscités avec le Christ par le baptême, avec le don de la foi, pour un héritage exempt de corruption, nous entraîne à chercher encore davantage les choses de Dieu, à penser davantage à Lui, à Le prier plus. Être chrétien ne se réduit pas à suivre des commandements, mais cela veut dire être dans le Christ, penser comme Lui, agir comme Lui, aimer comme Lui ; c'est Le laisser prendre possession de notre vie et la changer, la transformer, la libérer des ténèbres du mal et du péché [...].

Montrons notre joie d'être enfant de Dieu, la liberté que nous donne la vie dans le Christ, qui est la véritable liberté, celle qui nous sauve de l'esclavage du mal, du péché et de la mort ! Regardons vers notre patrie céleste, nous aurons une nouvelle lumière et nous recevrons la force dans nos engagements et dans nos efforts quotidiens. »

Rome, extrait de la catéchèse du 10 avril 2013

➲ Le pape François te questionne

Comment est-ce que je fais grandir la foi que j'ai reçue au baptême ? Comment est-ce que je fais grandir cette foi que j'ai reçue et que le peuple de Dieu possède[20] ?

⮌ Nous répondons au Pape dans notre prière

Seigneur, j'ai eu la chance de recevoir le baptême quand j'étais bébé. J'ai grandi dans la foi, accompagnée de mes parents et des adultes que j'ai pris en exemple. Ils m'ont appris à T'aimer et j'ai pu Te recevoir dans l'Eucharistie et me confesser très jeune. Maintenant que ma foi est personnelle, j'essaye, Seigneur, de la faire grandir en recevant les sacrements et en me formant. Mais le plus important est que j'en vive ! Seigneur, aide-moi à faire grandir ma foi en Te fréquentant assidûment et à vivre d'elle. Je prends la résolution d'assumer le cadeau que Tu m'as fait par le baptême : devenir Ton enfant ! (Marie-Camille, 17 ans)

Je crois en Toi, Seigneur, mais parfois, j'ai très peur de m'enfermer et de me contenter de ce que je sais déjà sans chercher à l'approfondir. J'ai peur de m'enfermer dans ma tiédeur et de ne pouvoir en sortir. C'est peut-être une de mes plus grandes peurs, d'ailleurs. Mais, du coup, je prie Ta mère, Seigneur, la Vierge Marie pour qu'elle m'aide parce qu'elle a toujours eu foi en son Fils. Seigneur, je pense que je n'ai pas terminé de Te découvrir. Alors, Seigneur, donne-moi une foi plus forte. Fais que je prenne conscience que je suis Ta fille bien-aimée. (Anne-Claire, 20 ans)

Et toi, que réponds-tu ?

« QUE LA MESSE NE DEVIENNE PAS UNE ROUTINE ! »

➲ Le pape François te parle

« Jésus a vécu il y a deux mille ans. Pourtant, nous pouvons Le rencontrer à notre époque lorsque nous écoutons sa Parole et que nous sommes proches de Lui, d'une façon unique, dans l'Eucharistie. [...] Que, pour nous, la messe ne devienne pas une routine superficielle ! Puissions-nous toujours plus y puiser en profondeur ! C'est précisément elle qui nous insère dans l'immense œuvre de salut du Christ, qui affine notre regard sur son amour, sur sa "prophétie en acte" par laquelle, au Cénacle, Il a initié le don qu'Il a fait de Lui-même sur la croix, sur Sa victoire irrévocable sur le péché et la mort, que nous annonçons avec fierté et de manière festive.

"Il faut apprendre à vivre la messe", disait un jour le bienheureux Jean-Paul II aux jeunes. "Apprendre à vivre la messe" ! Le fait de rester en adoration devant le Seigneur eucharistique dans le tabernacle et de recevoir le sacrement de la réconciliation nous y aide, nous y introduit.

Rencontrer le Christ, faire confiance au Christ, annoncer le Christ, tels sont les piliers de notre foi qui se concentrent, de manière toujours nouvelle, dans le point central de l'Eucharistie. »

Rome, extrait de l'homélie du 30 mai 2013
(solennité du Corps et du Sang du Christ)

➲ Le pape François te questionne

Nous devrions tous nous demander devant le Seigneur : comment est-ce que je vis l'Eucharistie ? Est-ce que je la vis de façon anonyme ou comme un moment de vraie communion avec le Seigneur, mais aussi avec tant de frères et sœurs qui partagent ce repas ? Comment sont nos célébrations eucharistiques[21] ?

Nous répondons au Pape dans notre prière

Aide-moi à comprendre que Tu es présent là dans l'Eucharistie. Tu veux être si proche de chacun que Tu Te fais hostie, pain pour demeurer réellement en moi. Que je réalise, Jésus, cet Amour dont Tu fais preuve ! Seigneur, aide-moi à être plus respectueuse et consciente de ce que je fais lorsque je vais à la Messe. Souvent, je suis distraite, je regarde la manière dont sont habillés les gens, je pense à autre chose. La prochaine fois que j'irai à la messe, je prendrai un missel pour être plus attentive. C'est par ces détails que mon Amour pour Toi grandit et comme je veux, Ô Jésus, qu'il grandisse. (Carine, 19 ans)

Seigneur, avec la force de l'Esprit Saint, aide-moi à participer pleinement à l'Eucharistie et à partager ce moment d'intimité avec Toi. Je Te rends grâce avec tous ceux qui ont la chance de pouvoir venir, comme moi, à la messe régulièrement et je Te prie pour tous ceux qui n'ont pas cette chance. Donne-moi la force de prier, de m'unir à la prière de tous les chrétiens et de tous les saints du ciel. (Marie, 16 ans)

Et toi, que réponds-tu ?

....

....

....

....

La Messe, être acteur ou spectateur ?

➲ Le pape François te parle

« Dans l'Eucharistie, le Christ réalise, d'une manière toujours nouvelle, le don qu'Il a fait de Lui-même sur la Croix. Toute Sa vie est un acte de partage total de Lui-même par amour ; c'est pour cela qu'Il aimait être avec ses disciples et avec les personnes qu'Il avait la possibilité de connaître. [...] Et nous, lorsque nous participons à la messe, nous nous retrouvons avec des hommes et des femmes de toutes sortes : des jeunes, des personnes âgées, des enfants, des pauvres et des personnes aisées, des gens du coin ou des étrangers [...]. Mais l'Eucharistie que je célèbre me porte-t-elle à les voir tous vraiment comme des frères et sœurs ? Est-ce qu'elle fait grandir en moi la capacité de me réjouir avec celui qui est dans la joie et de pleurer avec celui qui pleure ? Est-ce qu'elle me pousse à aller vers les pauvres, les malades, les personnes marginales ? Est-ce qu'elle m'aide à reconnaître en eux le visage de Jésus ? [...] Ou bien est-ce que je suis un peu indifférent ? Ou alors, peut-être que je préfère les cancans : tu as vu comment elle est habillée, celle-là, ou tu as vu celui-là, comment il est habillé ? [...]

Parfois, on entend cette question : "Pourquoi faudrait-il aller à l'église, puisque ceux qui participent habituellement à la messe sont pécheurs comme les autres ?" Combien de fois avons-nous entendu cela ! En réalité, celui qui célèbre l'Eucharistie ne le fait pas parce qu'il se considère ou qu'il veut apparaître meilleur que les autres, mais précisément parce qu'il reconnaît qu'il a toujours besoin d'être accueilli et régénéré par la miséricorde de Dieu faite chair en Jésus-Christ. Si l'un de nous ne sent pas qu'il a besoin de la miséricorde de Dieu, ne sent pas qu'il est pécheur, il vaut mieux qu'il n'aille pas à la messe ! Nous allons à la messe parce que nous sommes pécheurs et que nous voulons recevoir le pardon de Dieu, prendre part à la rédemption de Jésus, à son pardon. [...]

Il faut toujours garder présent à l'esprit que l'Eucharistie n'est pas quelque chose que nous faisons nous-mêmes ; nous ne faisons pas une commémoration de ce que Jésus a dit et fait. C'est véritablement une action du Christ ! C'est le Christ qui agit ici, qui est sur l'autel. C'est un don du Christ, qui se rend présent et nous réunit autour de Lui, pour nous nourrir de sa Parole et de sa vie même. Cela signifie que la mission et l'identité même de l'Église jaillissent de là, de l'Eucharistie, et c'est là qu'elles prennent forme. Une célébration peut être impeccable du point de vue extérieur, très belle, mais si elle ne nous conduit pas à la rencontre avec Jésus, elle risque de n'apporter aucune nourriture à notre cœur et à notre vie. À travers l'Eucharistie, au contraire, le Christ veut entrer dans notre existence et l'imprégner de Sa grâce de sorte que, dans toute communauté chrétienne, il y ait une cohérence entre la liturgie et la vie. »

Rome, extrait de la catéchèse du 12 février 2014

➲ Le pape François te questionne

Comment vivons-nous l'Eucharistie ? Lorsque nous allons à la messe le dimanche, comment la vivons-nous ?

Est-ce seulement un moment de fête, est-ce une tradition bien établie, est-ce une occasion de nous retrouver ou de nous sentir en règle, ou bien est-ce davantage[22] ?

Nous répondons au Pape dans notre prière

Seigneur, je me rends compte souvent que je suis distraite pendant la messe. Je m'attache trop à la beauté des chants, à la qualité du service des enfants de chœur, à la manière dont parle le prêtre. Et ce n'est souvent qu'en ressortant de l'église que je me dis : « J'ai manqué le plus important ! » Et pourtant, à chaque fois, je retombe. Seigneur, aide-moi à mieux comprendre le sacrifice de l'autel et à Te remercier toujours plus de l'amour que Tu me portes. (Marie-Adeline, 17 ans)

Jésus, je Te demande pardon une fois de plus, parce que j'étais ailleurs pendant la communion… Fais-moi mieux comprendre le miracle de la Messe et de la communion ! Jésus, la prochaine fois, au moment de la consécration à la Messe, je m'imaginerai au pied de la Croix et je Te confierai toutes les personnes qui souffrent et qui ne Te connaissent pas. Marie, apprends-moi à comprendre et à aimer la Messe. (Jean, 17 ans)

Et toi, que réponds-tu ?

« La miséricorde change le monde ! »

➲ Le pape François te parle

« Frères et sœurs, le visage de Dieu est celui d'un père miséricordieux, qui prend toujours patience. Avez-vous pensé à la patience de Dieu, la patience qu'Il a avec chacun de nous ? C'est Sa miséricorde. Il prend toujours patience, nous comprend, s'occupe de nous, Il ne se lasse pas de nous pardonner si nous savons revenir à Lui avec un cœur contrit. *"Grande est la miséricorde du Seigneur"*, dit le psaume [...].

Faire l'expérience de la miséricorde change tout. C'est la plus belle parole que nous puissions entendre : elle change le monde. Un peu de miséricorde rend le monde moins froid et plus juste. Il nous faut bien comprendre cette miséricorde de Dieu, ce Père miséricordieux qui a tant de patience... Rappelons-nous le prophète Isaïe, qui affirmait que même si nos péchés étaient rouges comme l'écarlate, l'amour de Dieu les rendrait blancs comme la neige. C'est beau, la miséricorde ! [...]

N'oublions pas cette parole : Dieu ne se lasse jamais de pardonner, jamais ! "Eh, père, quel est le problème ?" Eh, le problème est que nous, nous nous lassons, nous ne voulons pas, nous nous lassons de demander pardon. Dieu ne se lasse jamais de pardonner, mais nous, parfois, nous nous lassons de demander pardon. Ne nous lassons jamais, ne nous lassons jamais ! Il est le

> Père amoureux qui toujours pardonne, qui a un cœur de miséricorde pour nous tous. Et nous aussi, apprenons à être miséricordieux avec tous. Invoquons l'intercession de la Vierge qui a eu entre ses bras la Miséricorde de Dieu fait homme. »
>
> Rome, extrait de l'homélie du 17 mars 2013

➲ Le pape François te questionne

Voici la question que nous pose l'Enfant Jésus par sa seule présence : est-ce que je permets à Dieu de m'aimer[23] ?

⊂ Nous répondons au Pape dans notre prière

La miséricorde change le monde ! Mais qu'est-ce que j'ai du mal à la vivre... Quand je vois quelqu'un, je commence tout de suite par analyser sa tenue : bof, beau gosse, coincé… Et pareil quand je parle à quelqu'un ! Je n'arrive pas vraiment à avoir Ton regard sur les gens, mais, Seigneur, aide-moi à découvrir les qualités de chacun qui sont sûrement plus nombreuses que les miennes ! Aide-moi à ne pas juger sur l'apparence ni sur les bêtises que tout le monde peut dire et faire. Donne-moi un cœur ouvert et attentif. (Marie-Camille, 17 ans)

Seigneur, qu'il est agaçant, parfois, d'observer chez nos proches toujours les mêmes fautes et défauts. Qu'il est dur, alors, de ne pas s'impatienter, de rester dans la douceur et la bienveillance. Jésus, je te demande la grâce d'aimer les autres, malgré leurs limites et leurs misères. Je sais que c'est à moi de changer la première. Rends-moi patiente, endurante et courageuse et offre-moi un peu de Ta miséricorde pour que je sois à même de me rendre plus conforme à Ton inépuisable Amour. (Marie-Gabrielle, 16 ans)

Et toi, que réponds-tu ?

....

....

....

....

Sois transparent dans ta confession !

➲ Le pape François te parle

« Je voudrais vous donner un conseil : soyez transparents avec votre confesseur. Toujours. Dites tout, n'ayez pas peur. "Père, j'ai péché." Pensez à la Samaritaine qui, pour prouver à ses concitoyens qu'elle a trouvé le Messie, leur dit : *"Il m'a dit tout ce que j'ai fait"*, et ils connaissaient tous la vie de cette femme. Toujours dire la vérité à son confesseur. Cette transparence fera du bien, parce qu'elle nous rend humbles, tous. "Mais Père, je suis resté là-dedans, j'ai fait ceci, j'ai détesté"... peu importe de quoi il s'agit.

Dire la vérité, sans cacher, non pas à demi-mots, parce que tu parles avec Jésus à travers la personne du confesseur. Et Jésus sait la vérité. Lui seul te pardonne toujours ! Mais le Seigneur veut seulement que tu Lui dises ce qu'Il sait déjà. La transparence ! [...] C'est Jésus qui t'écoute. Ayez toujours cette transparence devant Jésus présent dans le confesseur ! Mais c'est une grâce. Père, j'ai péché, j'ai fait ceci, ceci, cela... avec tous les mots. Et le Seigneur te serre dans Ses bras, Il t'embrasse ! Va et ne pèche plus ! Et si tu reviens ? Encore une fois. [...]. "J'ai fait ceci", humblement. Comme le publicain qui se trouvait au fond du temple : "J'ai fait ceci, j'ai fait cela..." Et le Seigneur te fait taire ; c'est Lui qui te fait taire ! Ce n'est pas à toi de le faire ! Vous avez compris ?

De notre péché, la grâce surabonde ! Ouvrez la porte à la grâce, avec cette transparence ! Les saints et les maîtres de vie spirituelle nous disent que, pour nous aider à faire grandir notre vie en authenticité, la pratique de l'examen de conscience est très utile, et même indispensable. Que se passe-t-il dans mon âme ? Comme ça, ouvert, avec le Seigneur, puis avec le confesseur, avec le père spirituel. C'est tellement important, cela ! »

Rome, extrait de l'homélie du 8 juillet 2013

➲ Le pape François te questionne

Mais avant, et après la confession, dans ta vie, dans ta prière, est-ce que tu es capable de t'accuser toi-même ? Ou bien il t'est plus facile d'accuser les autres [24] ?

Nous répondons au Pape dans notre prière

Seigneur, Tu sais parfaitement que je n'ai pas forcément toujours envie de me confesser. Le plus dur pour moi est de faire mon examen de conscience avec force et courage. Il faut que j'analyse mon comportement et ce n'est pas toujours très facile. On a souvent plus d'idées pour les autres que pour soi-même. Envoie-moi Ton Esprit Saint pour qu'Il m'aide et qu'Il chasse le démon muet qui ne manque pas d'être là pour me dissuader de me réconcilier avec Toi ! Je prends la résolution de commencer ma confession par ce dont j'ai le plus honte, par mes plus gros péchés, car on vide toujours mieux un évier en commençant par les assiettes et en finissant par les couverts. Je sais que quand je sors de la confession, je me sens toute légère et que je suis libérée de mes péchés qui me font honte. Esprit Saint, aide-moi à être transparente dans mes confessions, car mettre des mots sur ma faiblesse, la nommer, permet de la combattre plus facilement. (Blanche, 17 ans)

Il est vrai, Seigneur, que je suis parfois découragée face à mes péchés… J'ai l'impression de redire toujours la même chose, de ne pas avancer et de confesser toujours les mêmes fautes ! Et puis c'est difficile de tout dévoiler, j'ai honte de mes péchés et cela paraît plus facile de ne rien dire. Seigneur, donne-moi la force et le courage d'avoir une confession transparente et plus régulière, me permettant de me rapprocher de Toi ! (Pauline, 17 ans)

Et toi, que réponds-tu ?

....

....

....

....

III

Vis avec le Christ

➲ Le pape François te parle

C'est « la première règle de la sainteté : il faut que le Christ grandisse et que nous diminuions... notre humiliation, pour que le Seigneur grandisse ». Le saint « diminue, il diminue, il diminue... ».

Paul « finit sa vie avec un petit groupe d'amis ici, à Rome » : « un matin, des soldats sont allés chez lui, ils l'ont emporté et lui ont coupé la tête. Tout simplement. Le grand apôtre, celui qui avait voyagé dans le monde entier, a fini comme cela ».

« La différence entre les héros et les saints, c'est le témoignage, l'imitation de Jésus-Christ. Aller sur la voie de Jésus-Christ, celle de la croix ». C'est le parcours de toute sainteté : « porter sa croix tous les jours, la croix ordinaire, la croix simple, et laisser grandir Jésus ».

Celui qui ne se laisse pas « convertir le cœur par cette route de Jésus », celui qui « n'emprunte pas cette voie » ne sera pas saint. « Beaucoup de grands saints finissent très humblement », a fait observer le Pape : « Je pense aux derniers jours de saint Jean-Paul II... Nous l'avons tous vu. Il ne pouvait pas parler, le grand athlète de Dieu, le grand guerrier de Dieu finit comme cela : annihilé par la maladie, humilié comme Jésus. C'est le parcours de sainteté des grands. » Personne ne peut se sanctifier soi-même [...].

> En réalité, « être saint, ce n'est pas faire le fakir ou quelque chose de ce genre… Non ! Ce n'est pas cela ! La sainteté est un don de Jésus à Son Église ». Pour montrer cela, le Christ « choisit les personnes dans lesquelles Son œuvre de sanctification est claire… pour montrer que c'est Lui qui sanctifie, que personne ne peut se sanctifier soi-même, qu'il n'y a pas d'école pour devenir saint. »
>
> Rome, extrait de l'homélie du 9 mai 2014

➲ Le pape François te questionne

Et moi, qu'est-ce que je fais ? Quelle route est-ce que j'emprunte pour rencontrer le Christ vivant[25] ?

⊂ Nous répondons au Pape dans notre prière

Seigneur, tu m'appelles à être sainte, à être un autre Christ. Je me sens encore si loin. Mais je sais qu'avec Toi, tout est possible. Change-moi. Fais que Tu grandisses dans mon cœur et que mon « moi » diminue. Pour ça, je vais essayer aujourd'hui de ne pas attirer l'attention, que dans les conversations, je m'intéresse vraiment aux autres. Aide-moi aussi à ne pas critiquer les autres intérieurement et extérieurement. À chaque fois que je penserai du mal de quelqu'un, que quelqu'un m'énerve par sa manière de parler ou d'être, je prierai pour cette personne et Te la confierai. (Charlotte, 15 ans)

La sainteté ? Réservée à des gens exceptionnels, à des héros hors du commun, à des ermites enterrés dans leur désert. Qu'il est facile de tenir un tel discours et de s'épargner ainsi tous les efforts et sacrifices nécessaires à notre sanctification ! Car, en vérité, ce dur et magnifique chemin de vie se déploie bien devant chacun de nous, longue et âpre route faites de petites actions quotidiennes, de renoncements sans gloire, de pardons sans éclat, de discrète gentillesse et de simple bienveillance. Mais quel sens à tout cela ? Quelle beauté, quelle joie dans cette exigence ? Tout réside dans la source, dans l'origine même de ce parcours : Jésus, mort et ressuscité pour notre salut. Jésus, aujourd'hui, je prends la résolution de te laisser une plus grande place dans mon cœur et ma journée. (Marie-Gabrielle, 16 ans)

Et toi, que réponds-tu ?

....

....

....

....

Vis comme un enfant de Dieu !

➲ Le pape François te parle

« La relation filiale avec Dieu n'est pas comme un trésor que nous conservons dans un coin de notre vie, mais elle doit grandir, elle doit être nourrie chaque jour par l'écoute de la Parole de Dieu, la prière, la participation aux sacrements, en particulier ceux de la pénitence et de l'Eucharistie, et la charité.

Nous pouvons vivre comme des enfants ! Et c'est cela, notre dignité. Nous avons la dignité d'enfants. Se comporter comme des enfants véritables ! Cela veut dire que chaque jour, nous devons laisser le Christ nous transformer à Son image ; cela signifie chercher à vivre en chrétiens, essayer de Le suivre, même si nous voyons nos limites et nos faiblesses. La tentation de laisser Dieu de côté, pour nous mettre nous-mêmes au centre, nous guette toujours et l'expérience du péché blesse notre vie chrétienne, notre être d'enfant de Dieu.

C'est pourquoi nous devons avoir le courage de la foi, ne pas nous laisser mener par un état d'esprit qui nous dit : "Dieu ne sert à rien, il n'est pas important pour toi", etc. C'est exactement le contraire : c'est seulement en nous comportant en enfants de Dieu, sans nous laisser décourager par nos chutes, nos péchés, en nous sentant aimés par Lui, que notre vie sera renouvelée, animée par la sérénité et par la joie. Dieu est notre force ! Dieu est notre espérance ! »

Rome, extrait de la catéchèse du 10 avril 2013

➲ Le pape François te questionne

Suis-je un chrétien « par à-coups » ou suis-je un chrétien toujours[26] ?

⊂ Nous répondons au Pape dans notre prière

Je suis enfant de Dieu. Dieu, Tu es mon Père, Tu m'aimes comme mon propre père et encore bien plus que lui. C'est incroyable quand j'y pense. Il n'y a pas un moment où Tu ne me regardes pas. Tu es toujours avec moi. Si Tu es mon Père, ça veut dire que nous avons des points communs ? Ça veut dire que je Te ressemble, Seigneur ? En quoi je Te ressemble ? En aidant une amie qui traverse un moment difficile, en rendant un service à la maison, en étudiant sans tricher… c'est comme ça que je Te ressemble ? C'est en aimant que je Te ressemble, Seigneur. C'est Jésus qui me transforme pour Te ressembler encore plus. Plus j'aime, plus je Te ressemble. Seigneur, avec Toi, je me sens en sécurité car un papa ne peut pas oublier son enfant qu'il aime. Jésus, pendant ma journée aujourd'hui, je T'appellerai de temps en temps « papa ». (Santa, 15 ans)

Je sais que Tu me regardes, Tu vois tout ce que je fais. Tu sais combien il est dur parfois d'être cohérent, d'être le même partout. Être le même quand je prie ou vais à la Messe que lorsque je suis avec des amis, le même devant mes parents que lorsque je suis seul ou avec des personnes qui ne partagent pas les mêmes valeurs. Aide-moi à être le même partout parce que cela, c'est Te laisser régner sur mon cœur, dans ma vie… être Ton enfant partout. (Henri, 15 ans)

Et toi, que réponds-tu ?

....

....

....

....

➲ Le pape François te parle

« La prière. Regarder le visage de Dieu, mais, surtout, et c'est lié à ce que j'ai dit avant, se sentir regardé. Le Seigneur nous regarde, Il nous regarde le premier. C'est ce que j'expérimente devant le tabernacle quand je vais prier, le soir, auprès du Seigneur. Quelquefois, je m'endors un peu ; c'est vrai, parce qu'avec la fatigue de la journée, tu t'endors un peu. Mais Lui, Il me comprend. Et je ressens un tel réconfort quand je pense qu'Il me regarde. Nous pensions que nous devons prier, parler, parler, parler... Non ! Laisse-toi regarder par le Seigneur. [...] Avant, "Jésus", puis "la prière" – nous sentons que Dieu nous tient par la main. Je souligne alors l'importance de ceci : se laisser guider par Lui. L'important, c'est Jésus et c'est de se laisser guider par Lui. [...]

Comme l'ont dit Jean-Paul II et Benoît XVI, le monde d'aujourd'hui a un grand besoin de témoins. Pas tellement de maîtres, mais de témoins. Ne parlez pas trop, mais parlez par toute votre vie : la cohérence de vie, précisément, la cohérence de vie ! Une cohérence de vie qui consiste à vivre le christianisme comme une rencontre avec Jésus qui m'amène aux autres. »

Rome, extrait du dialogue avec le pape François lors de la veillée de Pentecôte du 22 mai 2013

➲ Le pape François te questionne

Quelle est ma vie de contemplation ? Combien de temps est-ce que je consacre chaque jour à la prière et à la contemplation[27] ?

➲ Nous répondons au Pape dans notre prière

Seigneur, parfois, je suis devant le tabernacle et je ne sais même pas comment commencer ma prière. Ce qui m'encourage, c'est de savoir que ce ne sont pas tant les paroles qui comptent, mais l'intention, mon amour pour Toi. Le dialogue, ce cœur à cœur, s'instaure alors et je réalise que la prière est tout simplement une rencontre personnelle avec Toi, Seigneur. Donne-moi de savoir lutter contre les distractions et de profiter au maximum de ces moments où je Te regarde et où je me confie à Toi. (Delphine, 20 ans)

Seigneur, pour moi, la prière, cela n'a jamais été très évident. Je suis souvent préoccupée par des choses matérielles ou superficielles, mais j'aimerais tellement Te faire une plus grande place. Alors, Seigneur, je Te demande le courage de laisser de côtés mes occupations, pour t'offrir quelques minutes pour T'écouter et Te parler. Aide-moi à puiser, dans ces quelques minutes de contemplation, la force d'être témoin de ton amour. (Marie-Gabrielle, 16 ans)

⮉ Et toi, que réponds-tu ?

. . . .

. . . .

. . . .

. . . .

➲ Le pape François te parle

« C'est tellement important, la prière. Prier avec les prières que nous savons depuis notre enfance, mais aussi prier avec nos propres mots. Prier le Seigneur : "Seigneur, aide-moi, conseille-moi, que dois-je faire maintenant ?" Et nous devons tous le faire. La prière ! Ne jamais oublier la prière. Jamais ! Personne, personne ne s'en aperçoit quand nous prions dans le bus, dans la rue : prions en silence, dans notre cœur. Profitons de ces moments pour prier : prier pour que l'Esprit nous donne le don de conseil.

Dans l'intimité avec Dieu et dans l'écoute de sa Parole, petit à petit, nous mettons de côté notre logique personnelle, dictée le plus souvent par nos fermetures, nos préjugés et nos ambitions, et nous apprenons au contraire à demander au Seigneur : "Quel est Ton désir ? Quelle est Ta volonté ? Qu'est-ce qui Te plaît ?" Ainsi, mûrit en nous une syntonie profonde, presque naturelle, dans l'Esprit et l'on expérimente la vérité des paroles de Jésus rapportées dans l'évangile de Matthieu : *"Ne cherchez pas avec inquiétude comment parler ou que dire : ce que vous aurez à dire vous sera donné sur le moment, car ce n'est pas vous qui parlerez, mais l'Esprit de votre Père qui parlera en vous."* (Mt 10, 19-20)

C'est l'Esprit qui nous conseille, mais nous devons faire de la place à l'Esprit, pour qu'Il puisse nous conseiller.

Et faire de la place, c'est prier : prier pour qu'Il vienne et qu'Il nous aide, toujours. »

Rome, extrait de la catéchèse le 7 mai 2014

➲ Le pape François te questionne

Allons-nous à Dieu seulement pour demander, pour remercier, ou allons-nous à Lui aussi pour l'adorer ? Que veut dire alors adorer Dieu[28] ?

➲ Nous répondons au Pape dans notre prière

Jésus, je viens vers Toi aujourd'hui, je veux passer quelques minutes avec Toi. Prier, c'est Te rencontrer, c'est être face à Toi. Quand je prie, Jésus, je ne suis jamais seule, je suis avec Toi qui m'écoute, qui m'aime et qui me répond. Parfois, je ne dis rien, je suis contente d'être avec Toi. Marie, apprends-moi à prier, apprends-moi à devenir une âme de prière pour que mon intimité avec le Seigneur grandisse. (Pauline, 17 ans)

Parfois, je viens vers Toi uniquement pendant les périodes difficiles, lorsque j'apprends une mauvaise nouvelle, que je passe un mauvais moment ou que j'ai un examen au lycée. Mais ce que j'oublie, c'est que Tu es là tout le temps pour moi, que Tu m'attends. Seigneur, j'ai besoin de Toi, j'ai besoin que Tu me dises ce que Tu veux que je change en moi. Parfois, je ne veux pas l'entendre car cela va me demander un effort. Seigneur, sur quel point veux-Tu que je fasse un effort cette semaine ? Si Tu veux, je peux essayer d'être plus ordonné cette semaine, je rangerai mes cours et mes affaires dans ma chambre. L'ordre, ce n'est vraiment pas mon fort – mais je l'offrirai pour Toi. (Henri, 16 ans)

Et toi, que réponds-tu ?

....

....

....

....

➲ Le pape François te parle

« Quelle est la loi du peuple de Dieu ? C'est la loi de l'amour, l'amour de Dieu et l'amour du prochain, selon le commandement nouveau que le Seigneur nous a donné (cf. Jn 13, 34). Un amour, cependant, qui n'est pas du sentimentalisme stérile ou quelque chose de vague, mais qui consiste à reconnaître Dieu comme l'unique Seigneur de la vie et, en même temps, à accueillir l'autre comme un véritable frère, en dépassant les divisions, les rivalités, les incompréhensions, les égoïsmes ; les deux vont ensemble. Quel chemin nous reste-t-il encore à faire pour vivre concrètement cette loi nouvelle, celle de l'Esprit Saint qui agit en nous, celle de la charité, de l'amour !

Lorsque nous regardons les journaux ou la télévision, il y a tant de guerres entre chrétiens ; mais comment est-ce possible ? Au sein du peuple de Dieu, que de guerres ! Dans les quartiers, sur les lieux de travail, que de guerres d'envie, de jalousie ! Même dans les familles, que de guerres internes ! Nous devons demander au Seigneur de nous faire bien comprendre cette loi de l'amour. Comme il est beau de nous aimer les uns les autres en véritables frères. Que c'est beau ! Faisons quelque chose aujourd'hui. Nous avons sans doute tous des sympathies et des antipathies ; peut-être que beaucoup d'entre nous sont un peu en colère contre quelqu'un ; alors disons au Seigneur : "Seigneur, je suis en colère contre untel ou unetelle ; je Te prie pour lui et pour elle." Prier pour ceux contre qui nous sommes en colère est un beau pas en avant dans cette loi de l'amour. Faisons-le aujourd'hui ! [...]

Que l'Église soit le lieu de la miséricorde et de l'espérance de Dieu, où chacun peut se sentir accueilli, aimé, pardonné et encouragé à vivre selon la vie meilleure de l'Évangile. »

Rome, extrait de la catéchèse du 12 juin 2013

➲ Le pape François te questionne

Est-ce qu'il y a l'amour et la charité dans ton cœur[29] ?

Nous répondons au Pape dans notre prière

Seigneur, je Te confie mes amis et je Te remercie pour tous les bons moments passés avec eux. Hier, nous avons regardé un film ensemble et nous avons beaucoup ri. Je sais que certains font parfois des bêtises – boivent trop d'alcool en soirée, sortent avec des filles sans vraiment vouloir construire quelque chose de sérieux – juste comme ça pour s'amuser. Seigneur, donne-moi le courage de les aider à ne pas se tromper de chemin, que j'aie le courage de leur parler et d'être cohérent avec ma foi. (Stéphane, 20 ans)

Seigneur, je te confie tous mes amis. Aide-moi à me donner davantage dans des petits détails de la vie quotidienne, pour leur rendre un service, leur donner du réconfort quand ils en ont besoin. Parfois, je prends toute la place dans les conversations, je veux attirer l'attention. Aide-moi à vraiment m'intéresser à mes amis, à les comprendre et à les écouter davantage. Je les aime beaucoup et je voudrais les aimer comme Toi Tu les aimes. (Diane, 18 ans)

Et toi, que réponds-tu ?

....

....

....

....

Regardez comme ils s'aiment !

➲ Le pape François te parle

« En observant les premiers chrétiens, les païens disaient : "Comme ils s'aiment, voyez comme ils s'aiment ! Ils ne se haïssent pas, ils ne disent pas du mal les uns des autres." C'est cela la charité, l'amour de Dieu que l'Esprit Saint met dans nos cœurs [...]. Sans l'amour, en effet, même les dons les plus extraordinaires sont vains ; cet homme guérit les gens, il a cette qualité, cette autre vertu... mais est-ce qu'il a l'amour, la charité dans son cœur ? S'il l'a, c'est bien, mais s'il ne l'a pas, il ne rend pas service à l'Église. Sans l'amour, tous ces dons et ces charismes ne servent pas à l'Église, parce que là où il n'y a pas l'amour, il y a un vide qui se remplit d'égoïsme. Et je m'interroge : si nous sommes tous égoïstes, pouvons-nous vivre dans la communion et la paix ? Ce n'est pas possible, c'est pourquoi nous avons besoin de l'amour qui nous unit. Le plus petit de nos gestes d'amour a de bons effets sur tous ! Vivre la communion de la charité signifie donc ne pas chercher notre propre intérêt, mais partager les souffrances et les joies de nos frères (cf. 1 Co 12, 26), en étant prêts à porter les poids des plus faibles et des plus pauvres. Cette solidarité fraternelle n'est pas une figure rhétorique, une manière de parler, mais elle fait partie intégrante de la communion entre les chrétiens. Si nous la vivons, nous sommes dans le monde un signe, un "sacrement" de l'amour de Dieu. Nous le sommes les uns pour les autres et nous le sommes pour tous ! Il ne s'agit pas seulement de ces petits actes de charité que nous pouvons nous offrir mutuellement, il s'agit de quelque chose de plus profond : c'est une communion qui nous rend capables d'entrer dans la joie et dans la souffrance de l'autre pour les faire nôtres, sincèrement.

Souvent, nous sommes trop arides, indifférents, détachés et, au lieu de transmettre la fraternité, nous transmettons notre mauvaise humeur, notre froideur, notre égoïsme.

Et avec la mauvaise humeur, la froideur, l'égoïsme, on ne peut pas faire grandir l'Église ; l'Église grandit seulement avec l'amour qui vient de l'Esprit Saint. Le Seigneur nous invite à nous ouvrir à la communion avec Lui, dans les sacrements, dans les charismes et dans la charité, pour vivre dignement notre vocation chrétienne ! »

Rome, extrait de la catéchèse du 6 novembre 2013

➲ Le pape François te questionne

Est-ce que je laisse le Seigneur, qui Se donne à moi, me guider à sortir toujours plus de mon petit enclos et à ne pas avoir peur de donner, de partager, de L'aimer et d'aimer les autres[30] ?

⊂ Nous répondons au Pape dans notre prière

Tu es venu sur terre pour nous apprendre à faire le bien, à nous donner aux autres. Apprends-moi à détecter ce qui peut faire plaisir à mes amis, comment les écouter avec plus d'attention, quels détails je pourrais avoir envers eux. Apprends-moi à aimer et à ne pas vouloir montrer à tout le monde tout ce que j'ai fait de bien. Je veux T'aimer plus totalement, T'aimer dans mes actions de tous les jours. Je veux m'approcher davantage de Toi et Te ressembler davantage. Viens, Seigneur Jésus ! Viens et apprends-moi à aimer les autres ! (Juliette, 22 ans)

Seigneur, je Te reçois souvent dans la communion et pourtant, je sens que je n'arrive pas toujours à aller vers les autres. C'est tellement plus facile de rester avec ceux qui croient déjà, ceux qui ne vont pas me poser de questions. Mais je sais au fond de moi que Tu me veux auprès des jeunes qui ne Te connaissent pas. Donne-moi la force de Te laisser agir en moi. Que ce ne soit plus moi, mais Toi qui vives en moi. Augmente en moi la charité. Donne-moi la force d'aller vers les autres, vers ceux qui ne Te connaissent pas. Je prends la résolution, Seigneur, d'aller parler cette semaine à un ou une de mes amis qui ne croit pas. (Anne-Sophie, 16 ans)

Et toi, que réponds-tu ?

....

....

....

➲ Le pape François te parle

« Quand le Fils de Dieu s'est fait homme, Il a choisi la voie de la pauvreté, du dépouillement. [...] De riche qu'Il était, Il s'est fait pauvre pour nous enrichir par sa pauvreté (cf. 2 Co 8, 9). C'est le mystère que nous contemplons dans la crèche, en voyant le Fils de Dieu dans une mangeoire ; puis sur la croix, où le dépouillement arrive à son comble. [...]

Saint François d'Assise a très bien compris le secret de la Béatitude des pauvres de cœur. [...] Il se dépouilla d'une vie aisée et insouciante pour épouser "Dame Pauvreté", pour imiter Jésus et suivre l'Évangile à la lettre. François a vécu l'imitation du Christ pauvre et l'amour pour les pauvres de façon indissociable, comme les deux faces d'une même médaille. Vous pourrez donc me demander : comme pouvons-nous concrètement transformer cette pauvreté de cœur en un style de vie qui influence réellement notre existence ? [...]

Essayez avant tout d'être libres en face des choses. Le Seigneur nous appelle à un style de vie évangélique caractérisé par la sobriété, à ne pas céder à la culture de la consommation. Il faut rechercher ce qui est essentiel, apprendre à se dépouiller des mille choses superflues et inutiles qui nous étouffent. Détachons-nous du désir de posséder ; ne faisons pas de l'argent une idole, pour ensuite le gaspiller. Mettons Jésus à la première place. Lui peut nous libérer de l'idolâtrie qui nous rend esclaves. Chers jeunes, ayez confiance en Dieu ! Il nous connaît, Il nous aime et ne nous oublie jamais. [...] Il faut aussi être prêt à changer de style de vie et à éviter les nombreux gaspillages. De même qu'il est nécessaire d'avoir le courage du bonheur, il faut avoir aussi le courage de la sobriété. [...] Face à l'exemple et aux paroles de Jésus, nous sentons combien notre conversion est nécessaire, afin que la logique de l'être ne l'emporte plus sur celle de l'avoir plus ! »

Rome, extrait de l'homélie du 21 janvier 2014

➲ Le pape François te questionne

Comment pouvons-nous concrètement transformer la pauvreté de cœur en un style de vie qui influence réellement notre existence[31] ?

➲ Nous répondons au Pape dans notre prière

Je m'achète souvent des habits ou des objets à la mode, j'ai l'impression que je serai ainsi plus apprécié par mes amis. Et quand je n'obtiens pas ce que je veux tout de suite, je suis triste, je boude et je m'énerve. Seigneur, je sais, au fond, qu'avoir des choses pour être apprécié ne va pas me rendre plus heureux. Au fond, je ne veux pas qu'on m'aime parce que j'ai un habit à la mode, mais je préfère être aimé pour ce que je suis. Seigneur, aide-moi à ne pas encombrer mon cœur avec des objets. J'essayerai cette semaine d'utiliser le moins possible mon portable et de prêter mon sweet préféré à mon petit frère (il me le demande tout le temps). (Philippe, 16 ans)

Vivre pauvrement, c'est être détaché des biens – ne pas avoir un cœur accroché aux choses de la terre. Comment puis-je, Seigneur, vivre cette qualité de cœur dans ma vie de tous les jours ? En partageant ce que j'ai ? En donnant un peu de mon argent pour les pauvres ? Seigneur, aide-moi à être généreux. (Paul, 18 ans)

Et toi, que réponds-tu ?

....

....

....

....

➲ Le pape François te parle

« Jésus [...] dit à ses disciples : *"Je vous donne ma paix"* – une paix bien différente que celle que donne le monde : un peu superficielle, elle donne une certaine tranquillité, une certaine joie aussi, mais seulement jusqu'à un certain point.

La paix par exemple que nous offrent les richesses : "Moi, je suis en paix parce que [...] j'ai beaucoup d'argent." [...] C'est là une paix que donne le monde et Jésus nous dit de ne pas nous fier à cette paix. Il nous dit avec beaucoup de réalisme : attention, il y a des voleurs ! Et les voleurs peuvent te voler tes richesses... La paix que te donne l'argent n'est pas une paix définitive. Et pense aussi que le métal peut rouiller ! (Cf. Mt 6, 19.) Ça veut dire quoi ? Un krach boursier et tout ton argent s'en va ! Ce n'est pas une paix sûre, c'est une paix superficielle, temporaire.

Il y a aussi la paix qui vient du pouvoir, mais elle ne fonctionne pas non plus : un coup d'État te l'enlève ! Pensez à la paix d'Hérode, quand les mages lui ont annoncé qu'un roi était né en Israël ! Sa paix s'en est allée d'un coup...

Il y a aussi la paix qui vient de la vanité, mais elle est liée à la conjoncture : aujourd'hui, je suis estimé et demain, je serai insulté – comme Jésus entre le dimanche des Rameaux et le Vendredi saint...

La paix que donne Jésus a une tout autre consistance. La paix de Jésus est une personne : c'est l'Esprit Saint. Le jour même de la Résurrection, Il vient au Cénacle et son salut est : *"La paix soit avec vous. Recevez l'Esprit Saint."* C'est cela la paix de Jésus : c'est une personne et c'est un grand cadeau ! Et quand l'Esprit Saint est dans notre cœur, personne ne peut en enlever la paix, personne ! C'est une paix définitive. Quel est notre travail à nous ? Garder cette paix, oui, la garder. C'est une paix vaste, qui n'est pas mienne : elle vient d'une autre personne qui me l'offre, d'une autre personne qui est dans mon cœur et qui m'accompagne toute la vie. Le Seigneur me l'a donnée. [...] C'est la présence de l'Esprit Saint qui fait que notre cœur est en paix. Pas anesthésié : non, en paix ! Conscient et en paix. Cette paix que seule la présence de Dieu donne. »

Rome, extrait de l'homélie du mardi 20 mai 2014

➲ Le pape François te questionne

Est-ce que je me laisse guider par l'Esprit Saint en vivant dans l'Église et avec l'Église[32] ?

⊂ Nous répondons au Pape dans notre prière

Seigneur, je ne suis pas en paix. Je me berce dans l'illusion par l'abondance de biens matériels et d'occupations divers et variées, parfois bien superficielles... Je ne suis pas en paix, je ne vis pas dans Ta paix. Je m'éloigne en voulant retrouver une autre paix que la Tienne. Mais sans Toi, je ne peux rien, alors je me perds et je tombe.

Je veux me relever toute seule, retrouver mon chemin toute seule. Seigneur, j'ai besoin de Toi ! Aide-moi à reconnaître Ta paix bienfaisante, à la recevoir et à savoir la garder. Je prends la résolution de vivre en Ta présence pour vivre de Ta paix, vivre heureuse ! (Pauline, 17 ans)

Seigneur, je me laisse trop souvent porter par le confort de ma vie quotidienne qui, je le sais, n'est pas cette paix que tu veux me donner. À la première difficulté, au premier malheur, tout s'effondre. Je ne peux contrôler seule, selon mes humeurs. Mais Toi, Tu nous donnes la paix, inébranlable, une paix constante, belle et joyeuse. Je veux, Seigneur, accueillir le don de Ton Esprit Saint dans mon âme, entretenir et conserver ce trésor pour une vie chrétienne cohérente en ayant recours à Tes sacrements. Viens combler mon âme par Ta paix pour une vie sereine et confiante qui s'appuie sur Toi, pour une vie pleinement heureuse, comblée de Ta présence qui lui donne tout son sens. (Claire-Marie, 15 ans)

Et toi, que réponds-tu ?

....

....

....

....

Cherche la vraie joie !

➲ Le pape François te parle

« Certains diront : la joie naît des choses que l'on possède et alors, nous voilà à la recherche du dernier modèle de smartphone, du scooter le plus rapide, de la voiture qui se fera remarquer [...]. Alors, vous vous demandez : mais maintenant, Père, il faut que nous nous déplacions en bicyclette ? C'est bien la bicyclette ! [...] Je crois que la voiture est nécessaire, parce qu'il faut beaucoup travailler et pour se déplacer là-bas... mais prenez-en une plus humble ! Et si tu aimes cette belle voiture, pense à tous ces enfants qui meurent de faim. Rien que cela ! La joie ne naît pas, ne vient pas de ce que l'on possède ! D'autres disent que cela vient des expériences les plus extrêmes pour éprouver la griserie des sensations fortes : la jeunesse aime être sur le fil du rasoir, elle aime vraiment cela ! Pour d'autres encore, cela vient des vêtements les plus à la mode, des distractions dans les lieux les plus en vogue [...]. D'autres encore diront du succès auprès des filles ou des garçons, en passant peut-être de l'une à l'autre ou de l'un à l'autre. Ça, c'est l'insécurité de l'amour, qui n'est pas sûr : c'est l'amour "à l'essai". Et on pourrait continuer... Vous aussi, vous vous trouvez au contact de cette réalité que vous ne pouvez pas ignorer.

Nous savons que tout ceci peut satisfaire un certain désir, créer une certaine émotion, mais à la fin, c'est une joie qui reste à la surface, qui ne descend pas dans l'intime, ce n'est pas une joie intérieure : c'est l'ivresse d'un moment qui ne rend pas vraiment heureux. La joie n'est pas l'ivresse d'un moment : c'est autre chose ! La vraie joie ne vient pas des choses, du fait que l'on possède, non ! Elle naît de la rencontre, de la relation avec les autres, elle naît du fait de se sentir accepté, compris, aimé, et du fait d'accepter, de comprendre et d'aimer ; et cela, non pas pour un moment, mais parce que l'autre est une personne. La joie naît de la gratuité d'une rencontre ! C'est de s'entendre dire : "Tu es important pour moi", pas nécessairement avec des paroles. C'est beau... Et c'est précisément cela que Dieu nous fait comprendre. En vous appelant, Dieu vous dit : "Tu es important pour moi, Je t'aime, Je compte sur toi." Jésus dit ceci à chacun de nous ! C'est de là que naît la joie ! La joie du moment où Dieu m'a regardé. Comprendre et sentir cela, voilà le secret de notre joie. Se sentir aimé de Dieu, sentir que pour Lui, nous ne sommes pas des numéros, mais des personnes ; et sentir que c'est Lui qui nous appelle [...]. N'ayez pas peur de montrer votre joie d'avoir répondu à l'appel du Seigneur, à son choix d'amour, et de témoigner de son Évangile à travers le service de l'Église. Et la joie, la vraie, est contagieuse ; elle contamine... elle fait avancer. »

Rome, extrait de l'homélie du 8 juillet 2013

➲ Le pape François te questionne

Où est ton trésor, ce que tu désires ? Quelle est pour toi la réalité la plus importante, la plus précieuse, la réalité qui attire mon cœur comme un aimant ? Qu'est-ce qui attire ton cœur ? Est-ce que je peux dire que c'est l'amour de Dieu ? As-tu le désir de faire du bien aux autres, de vivre pour le Seigneur et pour nos frères[33] ?

Nous répondons au Pape dans notre prière

Seigneur, je crois que je confonds souvent les deux joies : quand je prends une décision, je regarde plutôt le plaisir que cela m'apporte ou non, et pas souvent si cela procure cette vraie joie dont parle le Pape. Aide-moi, Seigneur, à rechercher cette vraie joie dans tous les événements quotidiens et à la transmettre à ceux qui sont autour de moi. (Marie-Adeline, 17 ans)

Seigneur, que je ne passe pas à côté de l'essentiel par superficialité. Que j'aide aussi les autres à découvrir Ton amour, à donner un sens à leur vie. Sans Toi, rien n'a de sens, tout est vide, creux, et je peux m'amuser un temps, mais je sens vite que les choses me laissent une saveur amère si elles ne me rapprochent pas de Toi. Tout ce qui ne me rapproche pas de Toi m'éloigne de Toi. (Bruno, 17 ans)

Et toi, que réponds-tu ?

....

....

....

....

Les jeunes, mettez la solidarité au cœur du monde !

➲ Le pape François te parle

« Nous avons tous besoin d'une conversion en ce qui concerne les pauvres. Nous devons prendre soin d'eux, être sensibles envers leurs nécessités spirituelles et matérielles. À vous les jeunes, je confie d'une façon particulière la tâche de remettre la solidarité au centre de la culture humaine.

Face aux anciennes et aux nouvelles formes de pauvreté – le chômage, l'émigration, les dépendances en tout genre –, nous avons le devoir d'être attentifs et vigilants, et de vaincre la tentation de l'indifférence. Pensons aussi à ceux qui ne se sentent pas aimés, qui n'ont pas d'espoir pour l'avenir, qui renoncent à s'engager dans la vie parce qu'ils sont découragés, déçus, craintifs. Nous devons apprendre à rester avec les pauvres. N'ayons pas la bouche pleine de belles paroles sur les pauvres ! Rencontrons-les, regardons-les dans les yeux, écoutons-les.

Les pauvres sont pour nous une occasion concrète de rencontrer le Christ lui-même, de toucher sa chair souffrante. Mais [...] les pauvres ne sont pas seulement des personnes à qui nous pouvons donner quelque chose. Eux aussi ont beaucoup à nous offrir et à nous apprendre. Nous avons tant à apprendre de la sagesse des pauvres ! Pensez qu'un saint du XVIIIe siècle, Benoît

Joseph Labre, qui dormait dans les rues de Rome et vivait des dons faits par les gens, était devenu le conseiller spirituel d'un grand nombre de personnes, parmi lesquelles même des nobles et des prélats. D'une certaine façon, les pauvres sont comme des maîtres pour nous. Ils nous montrent qu'une personne ne vaut pas tant par ce qu'elle possède ou par ce qu'elle a sur son compte en banque. Un pauvre, une personne privée de biens matériels, conserve toujours sa dignité. [...] Les joies les plus belles et spontanées que j'ai vues au cours de ma vie sont celles de personnes pauvres et qui ont peu de choses à quoi tenir. »

Rome, extrait de l'homélie du 21 janvier 2014

➲ Le pape François te questionne

Est-ce que je me préoccupe d'aider ceux qui sont touchés par ces problèmes, de m'approcher d'eux, de prier pour eux ? Ou bien est-ce que je suis un peu indifférent[34] ?

Nous répondons au Pape dans notre prière

Seigneur, j'ai toujours été marqué par les pauvres que je croisais dans la rue et par ceux qu'on voit à la télé. Ils sont démunis et délaissés de tous. Ma vie est tellement différente. Que puis-je faire pour les aider ? Je prie pour eux et je fais aussi des maraudes dans les rues la nuit. Ces rencontres m'aident à prendre conscience de l'importance du respect de la dignité humaine. Mon aide n'est pas énorme ; seulement leur apporter un peu de chaleur humaine. Je comprends par ces personnes que le bonheur n'est pas dans les choses matérielles, mais dans l'amour qu'on a les uns pour les autres. Seigneur, aide-moi à voir dans chaque pauvre Ton visage et à les servir avec tout l'amour avec lequel Tu l'aurais fait. Je prends la résolution de n'en dévisager aucun et de me détacher des choses matérielles pour les servir vraiment. (Édouard, 17 ans)

Seigneur, je suis toujours émue quand je passe près d'un SDF dans la rue, je fuis son regard. C'est comme les personnes handicapées, je n'ose pas les regarder parce que j'ai pitié d'elles. Aide-moi à voir en eux Tes enfants, des personnes qui ont reçu tout Ton amour et qui parfois valent mieux que nous parce que, justement, elles sont détachées de leurs biens, de leur apparence… Aide-moi à me tourner vers eux, à aller vers eux parce que je sais que je peux apprendre d'eux et que je peux leur apporter Ton amour. Ils ont parfois juste besoin d'être réconfortés et de se sentir aimés. Augmente en moi l'amour pour tous ceux qui m'entourent, et en particulier les plus fragiles. (Candice, 17 ans)

Et toi, que réponds-tu ?

....

....

....

➲ Le pape François te parle

« Nous vivons actuellement un moment de crise ; nous le voyons dans l'environnement, mais, surtout, nous le voyons dans l'homme. [...] La personne humaine aujourd'hui est en danger, voilà l'urgence de l'écologie humaine ! La cause du problème n'est pas superficielle, mais profonde : ce n'est pas seulement une question d'économie, mais d'éthique et d'anthropologie. L'Église l'a souligné à plusieurs reprises ; et beaucoup disent : oui, c'est juste, c'est vrai... mais le système continue comme avant, parce que ce qui prime, parce que ce qui domine, ce sont les dynamiques d'une économie et d'une finance sans éthique. Ce qui commande aujourd'hui, ce n'est pas l'homme, c'est l'argent, l'argent, le gain commande. Et Dieu notre Père a donné le devoir de garder la terre, non pas à l'argent, mais à nous : aux hommes et aux femmes. Nous avons ce devoir ! En revanche, les hommes et les femmes sont sacrifiés aux idoles du profit et de la consommation : c'est la "culture du rebut". Si un ordinateur se casse, c'est une tragédie, mais la pauvreté, les nécessités, les drames de tant de personnes finissent par faire partie de la normalité. Si une nuit d'hiver, tout près d'ici, dans la rue Ottaviano, par exemple, une personne meurt, ce n'est pas une nouvelle. Si, dans tant de parties du monde, il y a des enfants qui n'ont rien à manger, ce n'est pas une nouvelle, cela semble normal. Il ne peut pas en être ainsi ! Et pourtant, ces choses entrent dans la normalité : que certaines personnes sans domicile fixe meurent de froid dans la rue, cela n'est pas une nouvelle. En revanche, une baisse de dix points dans la Bourse de certaines villes représente une tragédie. Quelqu'un qui meurt, ce n'est pas une nouvelle, mais si les Bourses chutent de dix points, c'est une tragédie ! Ainsi, les personnes sont mises au rebut, comme si elles étaient des déchets. [...]

La vie humaine, la personne, ne sont plus considérées comme une valeur primaire à respecter et à garder, en particulier si elle est pauvre ou handicapée, si elle ne sert pas encore – comme l'enfant à naître – ou si elle ne sert plus – comme la personne âgée. [...]

Je voudrais alors que nous prenions tous l'engagement sérieux de respecter et de garder la création, d'être attentifs à chaque personne, de combattre la culture du gaspillage et du rebut, pour promouvoir une culture de la solidarité et de la rencontre. »

Rome, extrait de l'audience générale le 5 juin 2013

➲ Le pape François te questionne

Ne vous semble-t-il pas qu'à notre époque, il y ait besoin d'un supplément de partage fraternel et d'amour ? Ne vous semble-t-il pas que nous ayons tous besoin d'un supplément de charité[35] ?

⊂ Nous répondons au Pape dans notre prière

Seigneur, ce que je n'ai pas fait aux plus petits, aux plus faibles, c'est à Toi que je ne l'ai pas fait. Je T'aime, Seigneur, et pourtant, combien de fois je n'ai pas fait attention aux plus démunis. Seigneur, je pourrais Te dire oui et non : oui, il y a de l'amour dans mon cœur parce que je T'aime, j'aime mes parents, ma famille, mes amis. Et non, parce qu'il y a tant de fois où j'ai préféré rester seule que d'aller vers ceux qui avaient besoin de moi. Et si j'avais, moi, eu besoin de quelqu'un, j'aurais voulu qu'il soit disponible pour moi. Mon Dieu, aide-moi à apporter Ton amour autour de moi. Nous devons, nous les chrétiens, apporter Ton amour à notre entourage, mais donne-nous la force de le faire. Je prends la résolution, Seigneur, de sourire à quelqu'un qui m'impatiente. (Anne-Sophie, 16 ans)

Je réponds oui !! Notre société a besoin de beaucoup plus d'amour ! Comment une mère peut-elle tuer son propre enfant dans son ventre sous prétexte qu'un embryon n'est pas encore une personne ? Mais qu'est-ce que c'est au juste, alors ? Nous-mêmes, nous étions des embryons au début de notre vie ! On s'attaque aux bébés qui sont sans défense. Ils ne peuvent pas se défendre contre nous et nous en profitons ! Seigneur, j'ai décidé de défendre la vie en devenant médecin. Aide-moi à mener ce combat avec force et courage tout au long de ma vie !! (Rémi, 18 ans)

Et toi, que réponds-tu ?

➲ Le pape François te parle

« Il est important que nous, chrétiens, montrions que nous vivons la foi de façon concrète, à travers l'amour, la concorde, la joie, la souffrance, car cela suscite des questions, comme aux débuts de la marche de l'Église : pourquoi vivent-ils ainsi ? Qu'est-ce qui les pousse ? Ce sont des interrogations qui amènent au cœur de l'évangélisation, qui est le témoignage de la foi et de la charité. Ce dont nous avons besoin, spécialement en ces temps, ce sont de témoins crédibles qui, par leur vie et par leur parole, rendent visible l'Évangile, réveillent l'attraction pour Jésus-Christ, pour la beauté de Dieu. [...]

Il faut des chrétiens qui rendent visible aux hommes d'aujourd'hui la miséricorde de Dieu, Sa tendresse pour toute créature. [...] Pour cela, la nouvelle évangélisation, tandis qu'elle est appelée à avoir le courage d'aller à contre-courant, de se convertir des idoles vers l'unique vrai Dieu, ne peut qu'utiliser le langage de la miséricorde, fait de gestes et d'attitudes avant même de s'exprimer par des mots. L'Église au milieu de l'humanité d'aujourd'hui dit : *"Venez à Jésus, vous tous qui êtes fatigués et oppressés, et vous trouverez le repos pour vos âmes."* (cf. Mt 11, 28-30) Venez à Jésus. Lui seul a les paroles de vie éternelle. »

Rome, extrait de la promotion de la nouvelle évangélisation du 14 octobre 2013

➲ Le pape François te questionne

Sommes-nous missionnaires par nos paroles et surtout par notre vie chrétienne, par notre témoignage ? Ou bien sommes-nous des chrétiens renfermés dans notre cœur et dans nos églises, des chrétiens de sacristie ? Des chrétiens seulement en paroles, mais qui vivent comme des païens ? Moi aussi, je me pose ces questions à moi-même : comment suis-je chrétien, est-ce que je donne vraiment un témoignage[36] ?

➲ Nous répondons au Pape dans notre prière

Seigneur, c'est difficile de parler de Toi, même à mes amis. J'ai tout le temps peur qu'ils m'envoient promener !! C'est dur de donner son avis quand on est seule à le penser et que tout le monde nous critique. Mais Toi aussi, à Ton époque, les gens T'ont repoussé jusqu'à Te clouer sur la croix. Seigneur, aide-moi à avoir le courage d'être chrétienne à 100 % dans toutes les occasions. Comme le dit Mère Teresa : « Ô Jésus, délivre-moi du désir d'être honoré, du désir d'être approuvé. » Donne-moi la force de rester cohérente et de répandre autour de moi la joie des enfants de Dieu ! (Marianne, 16 ans)

Seigneur, au lycée, on m'a collé l'étiquette « catho », cela ne me gêne pas, mais parfois, c'est dur ! En effet, il est difficile d'accorder mes paroles et mes actes tous les jours. Je me rends bien compte que parfois, je vis en marge de ma foi ! Je ne vis pas en chrétienne car il est souvent plus facile de « rentrer dans le moule » pour ne pas se démarquer des autres. Seigneur, aide-moi à être vraie envers moi-même et les autres, à laisser transparaître Ton amour par mes actes auprès des autres. (Pauline, 17 ans)

Et toi, que réponds-tu ?

....

....

....

....

Le Christ nous envoie en mission

➲ Le pape François te parle

« *"Allez donc, de toutes les nations, faites des disciples, les baptisant au nom du Père et du Fils et du Saint-Esprit, et leur apprenant à observer tout ce que je vous ai prescrit. Et voici que je suis avec vous pour toujours jusqu'à la fin du monde."* (Mt 28, 19-20) C'est cela que Jésus nous a dit de faire. J'insiste sur cette dimension missionnaire, parce que le Christ nous invite tous à "aller" à la rencontre des autres, Il nous envoie, Il nous demande de nous mettre en marche pour apporter la joie de l'Évangile ! [...] L'Église plonge ses racines dans l'enseignement des apôtres, témoins authentiques du Christ, mais elle regarde vers l'avenir, elle a la ferme conscience d'être envoyée, d'être missionnaire, en portant le nom de Jésus par la prière, l'annonce et le témoignage. Une Église qui se replie sur elle-même et sur le passé, une Église qui ne regarde que les petites règles d'habitudes et de comportements, est une Église qui trahit son identité : une Église fermée trahit son identité ! Alors, redécouvrons toute la beauté d'être l'"Église apostolique" et la responsabilité qui en découle ! Et souvenez-vous : l'Église est apostolique parce que nous prions – c'est notre premier devoir – et parce que nous annonçons l'Évangile par notre vie et par nos paroles. »

Rome, extrait de la catéchèse du 16 octobre 2013

➲ Le pape François te questionne

Suis-je inquiet pour Dieu, pour L'annoncer, pour Le faire connaître ? Ou est-ce que je me laisse séduire par cette mondanité spirituelle qui pousse à faire tout par amour de soi-même[37] ?

➲ Nous répondons au Pape dans notre prière

Seigneur, souvent, je me dis que jamais je ne serai capable de T'annoncer autour de moi. À l'école, il y a beaucoup de personnes qui ne croient pas : qu'est-ce que je peux bien faire ? Je me sens si faible, jamais je ne pourrai, toute seule, les conduire à Toi. Mais si Tu m'as mise sur leur chemin, ce n'est peut-être pas une coïncidence… Aide-moi, Esprit Saint, à trouver les mots justes pour guider ceux qui te cherchent. Donne-moi, Seigneur, la force de Ton esprit, pour que je puisse Te porter partout où je vais et T'annoncer toujours. (Marie-Adeline, 17 ans)

Seigneur, Tu es venu sur Terre pour nous il y a deux mille ans et je Te connais ! Des milliers de personnes ont transmis Ton Évangile et il est parvenu jusqu'à nous. Tu as besoin de chacun de nous pour T'annoncer, de moi comme de tous. Je veux répondre à cette mission et faire partager à tous ceux que je rencontre ma joie de Te connaître ! Il ne faut pas que j'oublie que si je ne parle pas de Toi à la personne que j'ai en face de moi, peut-être qu'elle n'en entendra jamais parler ! Évidemment, je ne vais pas les aborder en criant : « Jésus T'aime » !

mais, par mon exemple et mon amitié, je peux Te faire connaître aux personnes que je côtoie. Aide-moi à rayonner de Ton amour et à surmonter ce respect humain qui nous permet de nous cacher et de ne pas nous mouiller sous prétexte de respecter la vie privée des gens. (Elias, 17 ans)

Et toi, que réponds-tu ?

....

....

....

....

➲ Le pape François te parle

« Je m'adresse à présent à ceux qui sont bien disposés à se mettre à l'écoute de la voix du Christ qui retentit dans l'Église, pour comprendre quelle est leur vocation propre. Je vous invite à écouter et à suivre Jésus, à vous laisser transformer intérieurement par Ses paroles qui *"sont esprit et sont vie"* (Jn 6, 63). Marie, la Mère de Jésus et la nôtre, nous répète à nous aussi : *"Tout ce qu'Il vous dira, faites-le."* (Jn 2, 5) Cela vous fera du bien de participer avec confiance à un chemin communautaire qui sache libérer en vous et autour de vous les meilleures énergies.

La vocation est un fruit qui mûrit dans le champ bien cultivé de l'amour réciproque qui se fait service mutuel, dans le contexte d'une authentique vie ecclésiale. Aucune vocation ne naît toute seule ou ne vit pour elle-même. La vocation jaillit du cœur de Dieu et germe dans la bonne terre du peuple fidèle, dans l'expérience de l'amour fraternel. Jésus n'a-t-il en effet pas dit : *"À ceci tous reconnaîtront que vous êtes Mes disciples : si vous avez de l'amour les uns pour les autres"* (Jn 13, 35) ? »

Rome, extrait de l'homélie du 16 janvier 2014

➲ Le pape François te questionne

Aujourd'hui, demandons-nous tous si nous avons peur de ce que Dieu pourrait nous demander ou de ce qu'Il me demande. Est-ce que je me laisse surprendre par Dieu, comme a fait Marie, ou est-ce que je m'enferme dans mes sécurités, sécurités matérielles, sécurités intellectuelles, sécurités idéologiques, sécurités de mes projets ? Est-ce que je laisse vraiment Dieu entrer dans ma vie ? Comment est-ce que je Lui réponds[38] ?

Nous répondons au Pape dans notre prière

Seigneur Jésus, je sais que Tu veux mon bonheur ; je sais qu'au moment voulu, Tu me diras ce que Tu attends de moi. J'ai souvent du mal à ne pas me demander de quoi sera faite ma vie, à ne pas faire mes propres plans. Aide-moi à Te faire une totale confiance sur ce que Tu as prévu pour moi. Aide-moi à vivre chaque instant présent dans le but de répandre le bien autour de moi. Apprends-moi à écouter ta volonté. (Marie, 16 ans)

Seigneur, je T'avoue que le mot « vocation » me fait peur !! Au fond, je sais qu'il ne s'agit pas de tourner en rond et d'analyser « objectivement » les « pour » et les « contre » pour m'engager dans un chemin particulier. Il s'agit de Te rencontrer, Toi, Jésus, et de Te faire confiance. Et pour ça, le chemin est simple : prier et bien faire ce que j'ai à faire – mon travail, mes engagements envers les autres – et demander conseil. Mais ne me lâche pas : seul, je n'y arriverai pas. (Pierre, 21 ans)

Et toi, que réponds-tu ?

....

....

....

....

Est-ce possible de s'aimer « pour toujours » ?

➲ Le pape François te parle

« C'est important de se demander s'il est possible de s'aimer "pour toujours". C'est une question qu'il faut se poser : est-il possible de s'aimer "pour toujours" ? Aujourd'hui, beaucoup de personnes ont peur de faire des choix définitifs. Un garçon disait à son évêque : "Je veux être prêtre, mais seulement pour dix ans." Il avait peur de faire un choix définitif. Mais c'est une peur généralisée, propre à notre culture. Faire des choix pour toute la vie semble impossible. Aujourd'hui, tout change rapidement, rien ne dure longtemps… Et cette mentalité pousse beaucoup de ceux qui se préparent au mariage à dire : "On reste ensemble tant que dure l'amour", et ensuite ? Salut et à bientôt… Et le mariage se termine comme cela. Mais qu'est-ce que nous entendons par "amour" ? Seulement un sentiment, un état psycho-physique ? Bien sûr, si c'est cela, on ne peut pas se construire sur quelque chose de solide. Mais si, en fait, l'amour est une relation, alors c'est une réalité qui grandit et nous pouvons dire, par analogie, qu'elle se construit comme une maison. Et on construit la maison ensemble, pas tout seul ! Construire, ici, signifie favoriser et aider la croissance. […]

La famille naît de ce projet d'amour qui veut grandir comme on construit une maison pour qu'elle soit un lieu d'affection, d'aide, d'espérance, de soutien. De même que l'amour de Dieu est stable et pour toujours, ainsi nous voulons aussi que l'amour qui fonde la famille soit stable et pour toujours. S'il vous plaît, nous ne devons pas nous laisser vaincre par "la culture du provisoire" ! Cette culture qui, aujourd'hui, nous envahit tous, cette culture du provisoire. Ce n'est pas possible ! [...]

Un mariage n'est pas réussi seulement s'il dure, mais c'est sa qualité qui est importante. Le défi des époux chrétiens est d'être ensemble et de savoir s'aimer pour toujours. [...]

Le mariage est aussi un travail de tous les jours, je pourrais dire un travail artisanal, un travail de joaillerie, parce que le mari a la tâche de rendre son épouse plus femme et la femme a celle de rendre son mari plus homme. Grandir aussi en humanité, comme homme et comme femme. Et c'est entre vous que cela se fait. C'est ce qui s'appelle grandir ensemble. Cela ne tombe pas du ciel ! Le Seigneur le bénit, mais cela vient de nos mains, de vos comportements, de votre mode de vie, de votre manière de vous aimer. Nous faire grandir ! Faire toujours en sorte que l'autre grandisse. Travailler à cela. »

Rome, extrait du dialogue avec les fiancés de la Saint-Valentin le 14 février 2014

➲ Le pape François te questionne

Est-ce possible de s'aimer pour toujours ? [...] Qu'entendons-nous par « amour »[39] ?

➲ Nous répondons au Pape dans notre prière

Oui, Seigneur, je crois que c'est possible de s'aimer pour toujours, mais avec Ta grâce ! J'en suis convaincue parce que j'ai eu la chance de voir mes grands-parents s'aimer jusqu'à la mort de ma grand-mère. Et ils continuent de s'aimer même s'ils sont séparés ! Ils ont vécu ensemble 54 ans ! Quel exemple ! J'ai aussi l'exemple de mes parents. Bien sûr qu'ils ont traversé des moments difficiles, mais je suis certaine que l'amour en ressort fortifié parce qu'on renouvelle sa décision de s'aimer vraiment ! Évidemment, je n'entends pas amour comme uniquement un sentiment amoureux, mais l'amour comme vertu, qui découle aussi de la volonté ! Même si on peut rester amoureux toute la vie ! J'y crois et je veux le vivre ! Seigneur, aide-moi à aimer pour toujours celui avec qui je me marierai ! (Marie-Camille, 17 ans)

Seigneur, je suis sûr qu'on peut s'aimer toute notre vie, parce que c'est Toi qui le permets ! Tu nous donnes de voir toujours l'autre avec un regard nouveau et plus amoureux que la veille. Mais pour mes amis, c'est difficile ! Ils sortent tous ensemble sans songer à l'avenir et ils se disent que de toute façon, l'amour pour toute la vie est impossible ! Je trouve ça trop triste, Seigneur ! Je ne sais pas quoi faire pour leur montrer la beauté d'un amour qui dure. Aide-moi à être respectueux avec les filles que je rencontre parce que je pense que c'est comme ça que je pourrai au mieux me préparer à bien vivre avec la femme de ma vie ! Je Te prie pour elle, pour que je sache l'aimer toute ma vie, en la respectant et en lui restant fidèle. (Matteo, 17 ans)

Et toi, que réponds-tu ?

....

....

....

....

Le mariage : une vraie vocation

➲ Le pape François te parle

« Qu'est-ce que le mariage ? C'est une vraie vocation, comme le sont le sacerdoce et la vie religieuse. Deux chrétiens qui se marient ont reconnu dans leur histoire d'amour l'appel du Seigneur, la vocation à faire de deux personnes, homme et femme, une seule chair, une seule vie. Et le sacrement du mariage enveloppe cet amour avec la grâce de Dieu, il l'enracine en Dieu même. Avec ce don, avec la certitude de cet appel, on peut partir en sécurité, on n'a peur de rien, on peut tout affronter, ensemble. […]

Chers amis, il faut [comme] fondement moral et spirituel [la certitude que le Seigneur est avec nous, que la famille est bénie par Dieu dans le sacrement de mariage et que la mission de mettre au monde les enfants et de les éduquer est bénie] pour bien construire, de façon solide ! Aujourd'hui, ce fondement n'est plus garanti par les familles et par les traditions sociales. Ou plutôt, la société dans laquelle vous êtes nés privilégie les droits individuels plutôt que la famille ou les relations qui durent, afin d'éviter les difficultés […]. Parfois, moi-même j'ai entendu cela, lorsque j'ai dit à un couple un jour : "Vous savez que le mariage, c'est pour toute la vie ?" Ils m'ont répondu : "Nous nous aimons, mais nous nous marions tant que dure l'amour", après c'est chacun de son côté. L'égoïsme… il est risqué de se marier. Cet égoïsme nous menace car nous avons tous la possibilité d'une double personnalité : une qui dit "je" et l'autre qui dit "moi je". L'autre difficulté est la culture du provisoire, rien n'est définitif, tout est provisoire [...]. Mais Jésus ne nous a pas sauvés provisoirement, Il nous a sauvés définitivement !

Cependant, l'Esprit Saint suscite toujours des réponses nouvelles aux nouvelles exigences ! Et ainsi se sont multipliés dans l'Église les cheminements pour fiancés, les cours de préparation au mariage, les groupes de jeunes couples dans les paroisses, les mouvements familiaux... Ils sont une richesse immense ! [...] L'inventivité – permettez-moi de dire cela – de l'Esprit Saint est infinie, mais elle est aussi très concrète ! Alors, je voudrais vous dire de ne pas avoir peur de faire des pas définitifs, n'ayez pas peur... Tant de fois, j'ai entendu une mère me dire : "Père, j'ai un fils de trente ans et il ne se marie pas... il est fiancé, mais ne se décide pas." "Madame, lui dis-je, ne lui repassez plus ses chemises !" N'ayez pas peur des pas définitifs dans la vie, comme celui du mariage : approfondissez votre amour, en respectant les temps et les expressions, priez, préparez-vous bien, puis ayez confiance que le Seigneur ne vous laisse pas seuls ! Faites-Le entrer dans votre maison comme quelqu'un de la famille, Il vous soutiendra toujours. »

Rome, extrait du discours aux jeunes de l'Ombrie à Assise
le 4 octobre 2013

➲ Le pape François te questionne

Qu'est-ce que le mariage[40] ?

Nous répondons au Pape dans notre prière

Seigneur, j'aimerais un jour me marier et que cela dure pour toujours. Je sais que ça se prépare maintenant, que, pour qu'un amour dure longtemps, il faut le faire grandir jour après jour. On ne devient pas un champion de tennis du jour au lendemain, c'est une victoire qui se prépare et qui demande des efforts et des entraînements quotidiens. Seigneur, en étant vraiment amie de mes amis, je saurai mieux poser des choix pour une vie. Aujourd'hui, je m'intéresserai vraiment aux joies et aux peines de mes amis en prenant du temps avec eux et en leur proposant mon aide. (Judith, 17 ans)

Seigneur, il est parfois dur avec des amis, en soirée, au lycée, de ne pas jouer avec les filles – avec leurs sentiments, leurs réactions, leur cœur. Je sais que je suis responsable de ce que je provoque chez les autres. Parfois, ce n'est pas évident de ne pas jouer à plaire, à séduire ou même à provoquer… Alors, je viens Te demander Ton aide pour cela concrètement. Au fond de moi, je sais que je veux une relation sérieuse. Où que j'aille, Tu es avec moi ! Où que j'aille, je veux rester avec Toi ! (Augustin, 15 ans)

Et toi, que réponds-tu ?

....

....

Comment reconnaître l'appel au célibat ?

➲ Le pape François te parle

« Il y a une autre vocation complémentaire au mariage : l'appel au célibat et à la virginité pour le Royaume des cieux. C'est la vocation que Jésus lui-même a vécue. Comment la reconnaître ? Comment la suivre ? [...] Je vous réponds avec deux éléments essentiels, pour reconnaître cette vocation. D'abord, prier et cheminer dans l'Église. Les deux choses vont ensemble, elles sont entrelacées. À l'origine de toute vocation à la vie consacrée, il y a toujours une expérience forte de Dieu, une expérience qui ne s'oublie pas, on s'en souvient toute sa vie ! C'est celle qu'a eue saint François. Et cela, nous ne pouvons pas le calculer ni le programmer. Dieu nous surprend toujours ! C'est Dieu qui appelle ; mais il est important d'avoir un rapport quotidien avec Lui, de L'écouter en silence devant le Tabernacle et à l'intime de nous-mêmes, de Lui parler, de s'approcher des sacrements. Avoir ce rapport familier avec le Seigneur, c'est comme tenir ouverte la fenêtre de notre vie pour qu'Il nous fasse entendre sa voix, ce qu'Il veut de nous.

Il serait beau de vous entendre, d'entendre les prêtres présents, les sœurs... Ce serait très beau parce que chaque histoire est unique, mais toutes partent d'une rencontre qui éclaire en profondeur, qui touche le cœur et implique toute la personne : l'affectivité, l'intelligence, les sens, tout. Le rapport avec Dieu ne concerne pas seulement une partie de nous-mêmes, il concerne tout. C'est un amour si grand, si beau, si vrai, qu'il mérite tout et qu'il mérite toute notre confiance. Et je voudrais vous dire quelque chose avec force, spécialement aujourd'hui : la virginité pour le Royaume de Dieu n'est pas un "non", c'est un "oui" ! Certes, elle comporte le renoncement à un lien conjugal et à une famille, mais à la base, il y a le "oui" comme réponse au "oui" total du Christ envers nous, et ce "oui" rend féconds. »

Rome, extrait du discours aux jeunes de l'Ombrie à Assise le 4 octobre 2013

➲ Le pape François te questionne

Seigneur, qu'est-ce que je dois faire de ma vie ? Quelle est la route, pour moi[41] ?

↻ Nous répondons au Pape dans notre prière

Seigneur, quand je vois des religieuses qui témoignent, elles ont l'air tellement heureuses, tellement rayonnantes que j'aimerais partager cette joie. Et de retour dans le monde, je retrouve tout ce que j'aime, et l'idée de les laisser me fait mal. Seigneur, pourtant, je veux être toute disponible à Ta volonté, quelle qu'elle soit. Je sais que Tu veux mon bonheur et que Tu me conduiras là où je serai heureuse. (Marie-Adeline, 17 ans)

Seigneur, qu'attends-Tu de moi ? Comment veux-Tu que je Te serve plus tard ? Le choix de la vocation est le choix le plus important de ma vie et je demande donc Ta grâce pour discerner la route à prendre pour mieux Te servir. Veux-Tu que je me consacre tout entièrement à Toi à travers le célibat ou bien désires-Tu que je Te consacre ma vie dans l'amour de ma femme et de mes enfants ? Toi seul le sais à présent, mais je Te supplie de me dévoiler le chemin que je devrai effectuer lors de ma vie afin de pouvoir m'y préparer par la prière. Seigneur, aide-moi donc à cultiver ce « oui » à Ton appel pour que je puisse toujours mieux Te servir dans les voies que Tu me réserves. (Benoît, 16 ans)

Et toi, que réponds-tu ?

....

....

....

....

IV

Nos tweets préférés du Pape

➲ Le bonheur

Jésus n'est pas seulement un ami. Il est un maître de vérité et de vie qui révèle la voie pour atteindre le bonheur. (5 juillet 2013)

*

Le secret de la vie chrétienne est l'amour. Seul l'amour remplit les vides, les gouffres négatifs que le mal ouvre dans les cœurs ! (8 octobre 2013)

*

Chers jeunes, le Christ vous appelle à être avisés et vigilants pour reconnaître ce qui compte vraiment dans la vie. (15 août 2014)

*

Notre vie doit être centrée sur l'essentiel : sur Jésus-Christ. Tout le reste est secondaire. (9 novembre 2013)

*

Être chrétien ne se réduit pas à suivre des commandements, mais c'est laisser le Christ prendre possession de notre vie et la transformer. (10 avril 2013)

*

Avec Dieu, rien ne se perd, mais, sans Lui, tout est perdu. (8 juillet 2014)

*

Chers jeunes, cela vaut la peine de parier sur le Christ et sur l'Évangile, de tout risquer pour de grands idéaux. (31 juillet 2013)

➲ La sainteté

Ne vous contentez pas d'une vie chrétienne médiocre ! Marchez avec résolution vers la sainteté ! (7 mai 2013)

*

Les saints ne sont pas des surhommes. Ce sont des personnes qui ont l'amour de Dieu au cœur et transmettent cette joie aux autres ! (19 novembre 2013)

*

Être saint n'est pas le privilège d'un petit nombre, mais une vocation pour tous. (21 novembre 2013)

*

La sainteté ne signifie pas faire des choses extraordinaires, mais faire celles qui sont ordinaires avec amour et avec foi. (5 décembre 2013)

➲ Dieu t'aime

Chers jeunes, écoutez en vous-mêmes : le Christ frappe à la porte de votre cœur. (20 septembre 2014)

*

Le Seigneur nous attend toujours pour nous accueillir dans son amour : c'est une chose merveilleuse, qui ne finit jamais de nous surprendre. (16 septembre 2014)

*

La fidélité de Dieu est plus forte que nos infidélités et nos trahisons. (9 septembre 2014)

*

Jésus est le Bon Pasteur. Il nous cherche et se tient près de nous, même si nous sommes pécheurs, surtout parce que nous sommes pécheurs. (6 septembre 2014)

*

On ne peut mesurer l'amour de Dieu : il est sans mesure ! (26 août 2014)

*

Ne craignez pas de vous jeter dans les bras de Dieu : quelle que soit la chose qu'il vous demande, il vous la rendra au centuple. (10 juillet 2014)

*

Quelle saveur acquiert la vie quand on se laisse inonder par l'amour de Dieu ! (7 février 2014)

*

L'amour de Dieu n'est pas quelque chose de vague, de général. L'amour de Dieu a un nom et un visage : Jésus-Christ. (29 août 2013)

➲ Dieu est miséricorde

Le pardon de Dieu est plus fort que tout péché. (25 septembre 2013)

*

Le Seigneur nous pardonne toujours et nous accompagne toujours. À nous de nous laisser pardonner et de nous laisser accompagner. (30 août 2014)

*

La miséricorde de Dieu nous sauve. Ne nous lassons jamais d'annoncer dans le monde ce joyeux message. (17 août 2014)

*

Nous ne pouvons pas nous confier en nos propres forces, mais seulement en Jésus et dans sa miséricorde. (11 septembre 2014)

➲ Amitié avec le Christ

Le Seigneur frappe à la porte de notre cœur. Peut-être avons-nous mis un petit écriteau où il est écrit : « Ne pas déranger » ? (13 janvier 2014)

*

N'ayez pas peur, ouvrez les portes au Christ ! (3 mai 2014)

*

Suivre Jésus veut dire le mettre à la première place, se dépouiller de beaucoup de choses qui étouffent notre cœur. (18 octobre 2013)

*

Nous vivons dans une société qui exclut Dieu de l'horizon ; et cela, jour après jour, empoisonne le cœur ! (29 mars 2014)

*

Entrons dans une amitié profonde avec Jésus, ainsi nous pourrons le suivre de près et vivre avec lui et pour lui. (29 mai 2014)

*

Vivre avec foi veut dire mettre toute notre vie entre les mains de Dieu, spécialement dans les moments difficiles. (23 mai 2014)

*

Chaque rencontre avec Jésus nous remplit de joie, de cette joie profonde que seul Dieu peut nous donner. (21 avril 2014)

*

Parfois, nous sommes tristes à cause de nos péchés. Ne nous décourageons pas : le Christ est venu ôter tout cela, il nous donne la paix. (1er février 2014)

*

Être chrétien ne se réduit pas à suivre des commandements, mais c'est laisser le Christ prendre possession de notre vie et la transformer. (10 avril 2014)

*

Malgré nos péchés, nous pouvons répéter comme Pierre : « Seigneur, tu sais tout, tu sais que je t'aime ». (13 septembre 2014)

*

Il n'y a jamais de motif pour perdre l'espérance. Jésus dit : « Je suis avec vous jusqu'à la fin de monde ». (19 juin 2014)

*

Le dimanche est le jour du Seigneur : trouvons le temps de rester avec Lui. (10 janvier 2015)

➲ Les sacrements

Le pouvoir spirituel des sacrements est immense. Avec la grâce, nous pouvons dépasser tous les obstacles. (11 octobre 2014)

*

Les sacrements sont la présence de Jésus-Christ en nous. Pour cela, il est important de se confesser et de communier. (23 novembre 2014)

*

Les sacrements, spécialement la Confession et l'Eucharistie, sont des lieux privilégiés de rencontre avec le Christ. (8 février 2014)

*

Par sa venue parmi nous, Jésus s'est fait proche, il nous a touchés ; aujourd'hui encore, par les sacrements, il nous touche. (7 août 2013)

*

L'Eucharistie est essentielle pour nous : c'est le Christ qui veut entrer dans notre vie et la remplir de sa grâce. (28 février 2014)

*

Qui de nous peut prétendre ne pas être pécheur ? Personne. Demandons pardon à Dieu pour nos péchés. (29 avril 2014)

*

Ne crains pas d'aller te confesser : dans ce sacrement, tu rencontres Jésus qui te pardonne. (13 décembre 2013)

*

Confesser nos péchés nous coûte un peu, mais nous apporte la paix. Nous sommes pécheurs et nous avons besoin du pardon de Dieu. (18 novembre 2013)

*

La Confirmation est importante pour un chrétien ; elle nous donne la force de défendre la foi et de répandre l'Évangile avec courage. (21 février 2014)

➲ La prière

Chers jeunes, puissiez-vous apprendre à prier tous les jours : c'est le moyen de connaître Jésus et de le faire entrer dans notre vie. (27 juillet 2017)

*

Dans la prière, le Seigneur nous parle par les Saintes Écritures. Apprenons à rester en silence devant Lui, en méditant l'Évangile. (6 juillet 2013)

*

Pour connaître le Seigneur, il est important de le fréquenter : l'écouter en silence devant le tabernacle, s'approcher des sacrements. (21 octobre 2013)

*

Prions-nous véritablement ? Sans une relation constante avec Dieu, il est difficile d'avoir une vie chrétienne authentique et cohérente. (1er octobre 2013)

*

Il est facile de se tourner vers Dieu pour demander, nous le faisons tous. Quand apprendrons-nous aussi à le remercier et à l'adorer ? (25 janvier 2014)

*

Quelqu'un qui écoute attentivement la Parole de Dieu et prie vraiment, demande toujours au Seigneur : quelle est ta volonté pour moi ? (19 mai 2014)

*

Pour que Jésus devienne le centre de notre vie, il est nécessaire de rester en sa présence, devant le Tabernacle. (20 décembre 2014)

➲ Pauvreté

Quand on n'adore pas Dieu, on se met à adorer d'autres choses. L'argent et le pouvoir sont des idoles qui prennent souvent la place de Dieu. (2 août 2014)

*

Le monde fait regarder vers nous-mêmes, l'avoir, le plaisir. L'Évangile nous invite à nous ouvrir aux autres, à partager avec les pauvres. (6 février 2014)

*

Si les biens matériels et l'argent deviennent le centre de la vie, ils nous happent et nous rendent esclaves. (29 octobre 2013)

*

Si tu accumules les richesses comme un trésor, elles voleront ton âme. (5 août 2014)

*

Chercher son bonheur dans la possession de choses matérielles est une manière assurée de ne pas être heureux. (15 septembre 2013)

*

« Je suis venu pour qu'ils aient la vie et qu'ils l'aient en abondance », dit Jésus. Là est la vraie richesse, non la richesse matérielle ! (8 mai 2013)

➲ Charité et amitié

Jésus, aide-nous à aimer Dieu comme un Père et notre prochain comme un frère. (30 juin 2014)

*

Laissons entrer Jésus dans nos vies en sortant de nos égoïsmes, indifférences et fermetures envers les autres. (27 août 2013)

*

Pour changer le monde, il faut faire du bien à celui qui n'est pas en mesure de le rendre. (18 octobre 2014)

*

Demandons au Seigneur la grâce de ne pas dire du mal, de ne pas critiquer, de ne pas faire de commérages, d'aimer tout le monde. (8 octobre 2014)

*

Ne disons pas du mal des autres par derrière, mais disons-leur ouvertement ce que nous pensons. (9 juin 2014)

*

Le Christ sur la Croix nous enseigne à aimer aussi ceux qui ne nous aiment pas. (28 août 2014)

*

Sommes-nous en colère contre quelqu'un ? Prions pour cette personne. Cela est l'amour chrétien. (17 juin 2013)

*

Un chrétien sait donner. Sa vie est pleine d'actes généreux – mais cachés – envers le prochain. (23 août 2014)

*

Parfois, nous nous fermons sur nous-mêmes... Seigneur, aide-nous à aller vers les autres, à servir les plus faibles. (2 juin 2014)

*

Dans la vie, nous faisons tous beaucoup de fautes. Apprenons à reconnaître nos erreurs et à demander pardon. (4 mars 2014)

*

Apprenons de Jésus à prier, à pardonner, à semer la paix, à être proches de celui qui est dans le besoin. (18 février 2014)

*

Lisons l'Évangile, un peu chaque jour. Ainsi, nous apprendrons à vivre l'essentiel : l'amour et la miséricorde. (13 mai 2014)

➲ Générosité

Chaque fois que nous suivons notre égoïsme et disons non à Dieu, nous détériorons son histoire d'amour avec nous. (26 mai 2013)

*

Chers jeunes, l'Église attend beaucoup de vous et de votre générosité. Ne perdez pas le courage de viser haut ! (28 mai 2013)

*

Vivre l'Évangile, c'est lutter contre l'égoïsme. L'Évangile est pardon et paix ; il est l'amour qui vient de Dieu ! (22 mai 2013)

*

Qu'il serait beau si chacun de nous pouvait dire chaque soir : aujourd'hui, j'ai posé un geste d'amour envers les autres ! (29 avril 2013)

*

Il ne suffit pas d'être chrétien, il faut vivre la foi, non seulement par des paroles, mais par les œuvres. (20 janvier 2014)

*

Seigneur Jésus, rends-nous capables d'aimer comme toi. (20 février 2014)

*

Viens, Esprit Saint ! Aide-nous à dépasser notre égoïsme. (20 mai 2014)

➲ Témoigner de sa foi

Chers jeunes, soyez toujours des missionnaires de l'Évangile, chaque jour et en tout lieu ! (15 novembre 2013)

*

Que veut dire évangéliser ? Témoigner avec joie et simplicité de ce que nous sommes et de ce en quoi nous croyons. (5 mai 2014)

*

Chers jeunes, Jésus veut être votre ami, et il veut que vous transmettiez partout la joie de cette amitié. (4 janvier 2014)

*

Sommes-nous prêts à nous engager en chrétiens cohérents, 24 heures sur 24, pour rendre témoignage par notre parole et par notre exemple ? (24 juin 2014)

*

Notre objectif en tant que chrétiens : nous conformer toujours plus à Jésus, comme modèle de notre comportement. (16 mai 2014)

*

Chers jeunes, le Christ a confiance en vous et vous confie sa mission : allez, faites des disciples. (23 juillet 2013)

➲ Vers Bethléem

L'Avent est un chemin vers Bethléem. Laissons-nous attirer par la lumière de Dieu fait homme. (21 décembre 2014)

*

Cherchons à vivre Noël de manière cohérente avec l'Évangile, en accueillant Jésus au centre de notre vie. (20 décembre 2014)

*

À Noël, le Christ vient parmi nous : c'est le moment favorable pour une rencontre personnelle avec le Seigneur. (25 décembre 2013)

*

Arrêtons-nous devant l'Enfant de Bethléem. Laissons la tendresse de Dieu réchauffer notre cœur. (10 janvier 2014)

*

Contemplons l'humilité du Fils de Dieu, né pauvre. Imitons-le dans le partage avec les personnes les plus faibles. (9 janvier 2014)

*

Dieu ne se révèle pas dans la force ou dans la puissance, mais dans la faiblesse et dans la fragilité d'un nouveau-né. (2 janvier 2014)

*

Dans le visage de l'Enfant Jésus, nous contemplons le visage de Dieu. Venez, adorons ! (30 décembre 2014)

*

Noël est une fête souvent bruyante : cela nous fera du bien de rester un peu en silence, pour écouter la voix de l'Amour. (23 décembre 2014)

➲ La Vierge Marie

Un chrétien qui ne perçoit pas la Vierge Marie comme une mère est un orphelin. (2 septembre 2014)

*

Le mois de Mai, dédié à Marie, est un temps opportun pour commencer à réciter le Rosaire chaque jour. (17 mai 2014)

*

Ne l'oublions jamais, chers jeunes : la Vierge Marie est notre Maman et c'est avec son aide que nous pouvons rester fidèles à Jésus. (24 juillet 2013)

*

Demandons à Marie de nous aider à maintenir le regard bien fixé sur Jésus, à le suivre toujours, même quand c'est exigeant. (31 août 2013)

*

Marie est la femme du « Oui ». Marie, aide-nous à reconnaître toujours mieux la voix de Jésus et à la suivre. (22 avril 2013)

➲ L'amour de la Croix

Être chrétien veut dire renoncer à nous-même, prendre la croix et la porter avec Jésus. Il n'y a pas d'autre chemin. (24 octobre 2013)

*

Suivre Jésus de près n'est pas facile, parce que la route qu'il choisit est le chemin de la croix. (18 avril 2014)

*

Notre vie a été sauvée par le Sang du Christ. Laissons-nous toujours renouveler par cet amour. (12 mai 2014)

➲ Intentions de prière

Chers jeunes, priez avec moi pour la paix dans le monde. (6 septembre 2013)

*

Prions pour la paix et cherchons à la construire, en commençant à la maison ! (16 janvier 2014)

*

Seigneur, donne ta consolation à ceux qui souffrent, spécialement aux malades, à ceux qui sont dans le besoin, à ceux qui sont au chômage. (14 octobre 2014)

*

Prions pour que l'Église soit plus sainte et plus humble, qu'elle sache aimer Dieu en servant les pauvres et les personnes seules et malades. (17 août 2014)

*

Prions pour les chrétiens victimes de persécutions, pour que nous sachions réagir au mal par le bien. (6 mars 2014)

*

Prions pour les nombreux chrétiens souffrant de persécution et de violence dans le monde. Que Dieu leur donne le courage de la fidélité. (12 mai 2013)

➲ Agir pour un monde plus juste

Chers jeunes, ne renoncez pas à rêver d'un monde plus juste ! (3 juillet 2014)

*

L'esprit de consommation nous a habitués au gaspillage. Mais la nourriture jetée, c'est comme si elle était volée aux pauvres et aux affamés. (7 juin 2013)

*

Garder la création est une indication de Dieu donnée non seulement au début de l'histoire, mais à chacun de nous ; c'est dans son projet ! (5 juin 2013)

*

C'est Dieu qui donne la vie. Respectons et aimons la vie humaine, particulièrement celle qui est sans défense dans le sein maternel. (15 mai 2013)

*

Aucun ancien ne devrait être comme « exilé » de nos familles. Les personnes âgées sont un trésor pour la société. (11 janvier 2014)

*

Parfois, nous rejetons les personnes âgées, mais elles sont un trésor précieux : les rejeter est injuste et c'est une perte irréparable. (17 juin 2014)

➲ Le Pape aux jeunes

Chers jeunes, vous avez des projets et des rêves pour l'avenir. Mettez-vous le Christ au centre de chacun de vos projets et de vos rêves ? (5 octobre 2013)

*

Chers jeunes, soyez de vrais « athlètes du Christ » ! Jouez dans son équipe ! (28 juillet 2013)

*

Chers jeunes, ne vous contentez pas d'une vie médiocre. Laissez-vous séduire par ce qui est vrai et beau, par Dieu ! (27 janvier 2014)

*

Chers jeunes, n'enfouissez pas vos talents, les dons que Dieu vous a faits ! N'ayez pas peur de rêver à de grands idéaux ! (26 avril 2013)

*

Jeunes, n'ayez pas peur de vous marier : unis dans un mariage fidèle et fécond, vous serez heureux ! (14 février 2014)

*

Chers jeunes, n'ayez pas peur de faire des pas définitifs dans la vie. Ayez confiance, le Seigneur ne vous laisse pas seuls ! (14 octobre 2013)

Références des extraits du pape François

1. Rome, 13 octobre 2013.
2. Rome, 29 août 2013.
3. Rome, 16 mai 2014.
4. Rome, 3 décembre 2013.
5. Rome, 31 juillet 2013.
6. Rome, 31 juillet 2013.
7. Rome, 20 juin 2013.
8. Rome, 29 août 2013.
9. Rome, 4 septembre 2013.
10. Rome, 13 octobre 2013.
11. Rome, 25 juin 2013.
12. Rome, 24 avril 2014.
13. Rome, 13 avril 2014.
14. Rome, 23 mai 2013.
15. Rome, 4 décembre 2013.
16. Rome, 16 juin 2013.
17. Rome, 29 mai 2013.
18. Rome, 16 octobre 2013.

19. Rome, 6 novembre 2013.
20. Rome, 24 mai 2013.
21. Rome, 30 mai 2013.
22. Rome, 12 février 2014.
23. Rome, 24 décembre 2014.
24. Rome, 2 mars 2015.
25. Rome, 23 avril 2014.
26. Rome, 13 octobre 2013.
27. Rome, 9 septembre 2013.
28. Rome, 14 avril 2013.
29. Rome, 6 novembre 2013.
30. Rome, 30 mai 2013.
31. Rome, 6 février 2013.
32. Rome, 19 mai 2013.
33. Rome, 11 août 2013.
34. Rome 12 février 2014.
35. Rome, 6 janvier 2014.
36. Rome, 16 octobre 2013.
37. Rome, 29 aout 2013.
38. Rome, 13 octobre 2013.
39. Rome, 14 février 2014.
40. Rome, 4 octobre 2013.
41. Rome, 21 juillet 2013.

Table des matières

Composition et mise en pages réalisées par
LG Compo - 28200 - Châteaudun
Mars 2015

Cet ouvrage a été achevé d'imprimer
par Pulsio Sarl, Paris en juin 2015
Imprimé en UE